DER FESTUNGSKURIER

● ● ●

Beiträge zur Mecklenburgischen Landes- und
Regionalgeschichte vom Tag der Landesgeschichte
im Oktober 2014 in Dömitz

DER FESTUNGSKURIER

• • •

Beiträge zur Mecklenburgischen Landes- und
Regionalgeschichte vom Tag der Landesgeschichte
im Oktober 2014 in Dömitz

Medizingeschichte
in Mecklenburg

Herausgegeben vom Museum Festung Dömitz – Band 15

Norderstedt 2015

Bibliografische Information der Deutschen Bibliothek

Die deutsche Bibliothek verzeichnet diese Publikation in der Deutschen Nationalbibliografie;
detaillierte bibliografische Daten sind im Internet über http:dnb.ddb.de abrufbar.

Der Festungskurier, Band 15
Schriftenreihe des Museums Festung Dömitz
Herausgeber: Museum Festung Dömitz
Herausgeber dieses Bandes: Ernst Münch und Kersten Krüger
Einband: Museum Festung Dömitz

Herstellung und Verlag:
BoD – Books on Demand, Norderstedt
ISBN 978-3-7386-1972-0

Inhalt

Vorwort

Mit dem Tag der Landesgeschichte am 4. Oktober 2014 in Dömitz griff die gemeinsame Veranstaltung des Museums Festung Dömitz und des Historischen Instituts der Universität Rostock eine Problematik auf, die bereits auf dem Ersten Tag der Landesgeschichte anhand der einstigen Funktion der Festung Dömitz als zeitweiliges Zucht- und Werkhaus eine Rolle gespielt hatte.[1]

2014 wurde dieser Themenkomplex inhaltlich ausgeweitet auf die Bereiche Militärmedizin, staatliche Sozialfürsorge, Unterbringung, Versorgung und Behandlung geistig differenter Menschen sowie die Entwicklung der entsprechenden medizinischen Wissenschaft. Zeitlich erstreckten sich die fünf gehaltenen Vorträge vom Mittelalter bis in die Zeitgeschichte, mit einem Schwerpunkt im 19. und 20. Jahrhundert.

Neben erfahrenen Spezialisten der Medizin- und Militärgeschichte kamen auch sehr junge Historiker(innen) zu Wort, die erste Ergebnisse längerfristig angelegter Qualifizierungsarbeiten vorstellten.

Klaus-Ulrich Keubke unternahm einen quellengestützten Streifzug durch die mecklenburg-schwerinsche Militärmedizin im 18. und 19. Jahrhundert. Er machte hierbei einerseits die deutliche Anlehnung des Landes an das preußische Vorbild sichtbar, andererseits aber auch die Tatsache, dass ebenfalls auf diesem Gebiet landläufige Vorstellungen über die Zurückgebliebenheit Mecklenburgs nicht unbedingt der historischen Wahrheit entsprechen.

Auch das großherzogliche Haus Mecklenburg-Schwerin hatte im Verlaufe des 19. Jahrhunderts, insbesondere nach der Revolution von 1848/49, durchaus Veranlassung, die Daseinsberechtigung seiner Herrschaft im Lande unter Beweis zu stellen. Jakob Schwichtenberg ging in seinem Beitrag diesen Bestrebungen nach, indem er die Geschichte zweier sozialer Stiftungen (Stift Bethlehem und Auguststift) sowie der Person der Großherzogin Auguste im Lichte der Bemühungen von führenden Mitgliedern des großherzoglichen Hauses behandelte, tatsächliche Anteilnahme an den Lebensverhältnissen des Volkes mit bewusster Inszenierung dieser Anteilnahme und entsprechender direkter Kontakte mit Teilen der Bevölkerung im Sinne der Herrschaftsrepräsentation und -legitimierung zu verknüpfen.

---

[1] MROTZEK, Fred: „Dömitz oder das Seufzen der Gefangenen". Das Zucht- und Werkhaus auf der Festung Dömitz 1753-1843. In: Der Festungskurier 1 (2001). S. 73-100.

Zucht- und Werkhäuser entstanden nicht nur – wie das obige Beispiel
Dömitz zeigte – in (ehemaligen) Festungen, sondern mitunter auch in ehemaligen
Klöstern nach deren Aufhebung. Sophie Große untersucht dies in ihrem gegenüber
dem Vortrag erheblich erweiterten Beitrag am Beispiel des im 16. Jahrhundert
aufgehobenen Rostocker Franziskanerklosters St. Katharinen, dessen
Entwicklung und mehrfache, zeitweilig nebeneinander bestehende (Um)nutzung
als Armen- und Waisenhaus, als Zucht- und Werkhaus sowie schließlich als Irrenanstalt
seit dem Mittelalter bis Mitte des 19. Jahrhunderts.

Die beiden abschließenden Vorträge des Tages der Landesgeschichte
2014 waren Problemen des 20. Jahrhunderts gewidmet.

Kathleen Haack hat sich um die Erforschung der Kinder-„Euthanasie" in
Mecklenburg während der NS-Zeit, insbesondere während des Zweiten Weltkrieges
sehr verdient gemacht. Neben der Forschungssituation, die auch gerade
für Mecklenburg noch viele offene Fragen aufweist, schilderte ihr Vortrag am
Beispiel des in der „Kinderfachabteilung" Sachsenberg-Lewenberg 1942 ermordeten
jungen Günter Nevermann den erschütternden, verzweifelten und letztlich
vergeblichen Kampf einer Mutter um das Leben ihres Sohnes.

Die teils rigide Wissenschaftspolitik der DDR veranlasste viele Gelehrte
ab einem bestimmten Zeitpunkt zum Verlassen des Landes in Richtung Westen.
Ekkehardt Kumbier stellte am Beispiel der beiden ehemaligen Direktoren der
Universitätsnervenklinik in Rostock-Gehlsheim Hans Heygster und Franz Günther
von Stockert den bis zum Unerträglichen, mitunter bis zur Verhaftung und
Verurteilung vor Gericht wachsenden politisch motivierten Druck selbst auf angesehene
Wissenschaftler dar, Grundsätze ihres als „bürgerlich" angeprangerten
Wissenschaftsverständnisses aufzugeben bzw. sozialistisch orientierten „Kadern"
zu weichen. Nicht selten geschah dies auf Kosten der wissenschaftlichen
Qualität, konnte im Einzelfall jedoch auch zu – nicht primär beabsichtigten –
positiven Resultaten führen, wie etwa der Einrichtung eines speziellen Lehrstuhls
für Kinderpsychiatrie 1958 erstmalig in der DDR an der Universität
Rostock.

Rostock, Sommer 2015   Ernst Münch

Ein Streifzug durch die Mecklenburg-Schweriner Militärmedizin von 1701 bis 1867

VON KLAUS-ULRICH KEUBKE

Entgegen allen Erwartungen gehörte das Militärmedizinalwesen im Mecklenburg-Schweriner Militär durchaus zu den Einrichtungen, die einem kritischen Vergleich mit anderen deutschen Armeen standhielten und in weiten Teilen sogar besser abschnitten. Es lohnt also, sich mit diesem Thema zu befassen, zum Teil ist das auch bereits geschehen. Möglicherweise werde ich mich im Rahmen meiner Arbeiten zur mecklenburgischen Militärgeschichte dem einmal zuwenden. Doch der Reihe nach.

1. Zur Quellen- und Literaturlage

Für eine Bearbeitung dieses Themas auf dem Niveau einer Dissertation sind ausreichend Akten im Landeshauptarchiv Schwerin vorhanden. Das betrifft die zunächst wichtigen Bestände 2.26-1 Kabinett I, 2.12-2/18 Militärwesen und 5.12-8/1 Militärdepartement. Günstig ist auch die Überlieferung entsprechender Akten – das sei eingeschoben – für Mecklenburg-Strelitz. Im Hinblick auf die Literatur zu diesem Thema findet sich das eine oder andere zeitgenössische Werk, so ein Lehrbuch der Kriegsarzneikunde von Johann Wilhelm Josephi aus dem Jahre 1808.[1] Dabei handelte es sich noch um einen Vorschlag Josephis an Herzog Friedrich Franz I. Die Schrift erschien aber erst 1813 in Rostock. Die bislang wichtigste Arbeit stammt jedoch von 1986. Der Zahnarzt und Oberleutnant der NVA Dirk Wagner wurde in jenem Jahr an der Militärmedizinischen Akademie der NVA in Bad Saarow als Dr. med. promoviert. Sein Thema lautete: „Die Entwicklung des Militärmedizinalwesens in Mecklenburg-Schwerin vom Ende

---

[1] JOSEPHI, Wilhelm: Anweisung zur Erhaltung der Soldaten im Felde. Rostock 1813; spätere Auflage: JOSEPHI, Wilhelm: Grundriss der Militär-Staatsarzneikunde mit besonderer Rücksicht auf Militärärzte und Officiere aller Grade. Berlin 1829.

des Dreissigjährigen Krieges".[2] Um eventuellen Bedenken ob der Herkunft des Autors gleich entgegenzutreten: er hat alle ihm zugänglichen Akten im Staatsarchiv Schwerin, so der Name des Landeshauptarchivs damals, gründlich ausgewertet.

OStabsarzt Dr. August Blanck.

Abbildung 1
Georg Friedrich August Blanck

Personalangaben der Militärärzte finden sich im Sammelwerk über die mecklenburgischen Ärzte aus dem Jahr 1929.[3] Übrigens handelte es sich bei Georg Friedrich August Blanck (1823-1890), obwohl in Woldegk in Mecklenburg-Strelitz geboren, auch um einen Mecklenburg-Schweriner Militärarzt. Er hatte 1853 in Rostock promoviert und trat ein Jahr darauf in das Militär ein. Seine Stationen waren: 1854 Assistenzarzt im Grenadier-Garde-Bataillon in Schwerin, 1858 im Dragoner-Regiment in Ludwigslust, ab 21. Juli 1859 Stabsarzt bei der Artillerie in Schwerin, ab 28. Juni 1864 Oberstabsarzt in Rostock im IV. und 1866 im II. Bataillon. Er schied am 17. Oktober 1867 aus dem Militärdienst aus und blieb praktischer Arzt in Schwerin. Neben diesem Werk verfasste er unter anderem das Buch über die Fische Mecklenburgs, das ab 1881 in zwei Auflagen erschienen war.[4] Für grundsätzliche Aussagen zum Thema ist immer noch das Buch von Kapitän zur See a. D., Medizinalrat Dr. med. Friedrich Ring über Geschichte der Militärmedizin in Deutschland aus dem Jahre 1962 heranzuziehen.[5]

---

[2] WAGNER, Dirk: Die Entwicklung des Militärmedizinalwesens in Mecklenburg-Schwerin vom Ende des Dreissigjährigen Krieges, 1648 bis 1869 – eine militärmedizinhistorische Studie. Diss 1986. Der Titel ist nicht nachweisbar.

[3] Die mecklenburgischen Aerzte von den ältesten Zeiten bis zur Gegenwart. Gesammelt und hrsg. von A. BLANCK 1874, fortges. von Axel WILHELMI bis 1901. Durch genealog. Mitteil. erg. und bis zur Gegenwart fortgef. von Gustav WILLGEROTH. Schwerin 1929.

[4] BLANCK, Georg Friedrich August: Die Fische der Seen und Flüsse Mecklenburgs. 2. Aufl. Schwerin 1881.

[5] RING, Friedrich: Zur Geschichte der Militärmedizin in Deutschland. Berlin 1962.

2. Von den Anfängen bis zum Ende des 18. Jahrhunderts

Es ist wirklich so, dass bei der Betrachtung des Militärwesens beider Mecklenburg immer wieder auf das preußische zurückgegriffen werden kann – so auch beim Militärmedizinalwesen.

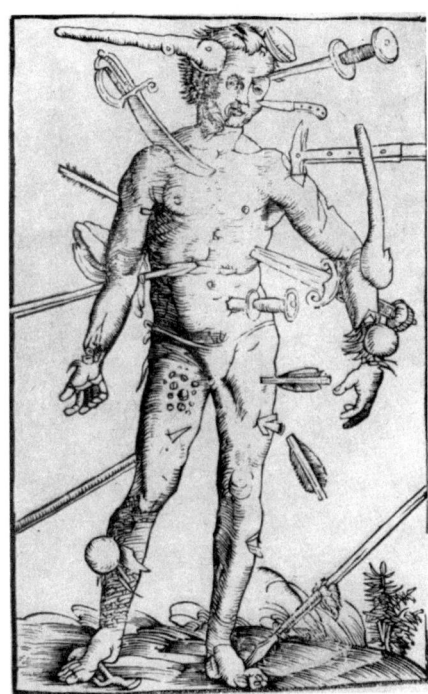

Anfänge eines organisierten Militärmedizinalwesens entwickelten sich in den Söldnerheeren des 16./17. Jahrhunderts. Erste Festlegungen enthielten die 1506 erlassenen Kriegsartikel Kaiser Maximilians I. (1459-1519) sowie die „Ordnung und Instruktion über das Feld- oder Kriegsspital der katholischen Liga" von 1620.[6] Die Kriegsartikel legten vor allem Maßnahmen zur Bekämpfung von Seuchen wie Cholera, Pest und Flecktyphus fest, denen in den damaligen Kriegen oft bis zu 50 Prozent der Heere zum Opfer fielen. Zu Beginn des 18. Jahrhunderts entstanden in den meisten (größeren) deutschen Territorien zentrale Militärmedizinalbehörden mit dem Status beratender Organe der Landesfürsten. In Preußen beispielsweise prüfte seit 1716 der jeweilige Generalchirurgus die Regimentsfeldschere vor ihrer Anstellung und leitete ihre Tätigkeit an. Die Kompaniefeldschere, in Brandenburg seit 1638 im Etat, hatten den Soldaten die

Abbildung 2
Der Wundmann mit den wichtigsten
Verwundungen 1517

Bärte zu scheren sowie Kranken und Verwundeten Hilfe zu erweisen. Seit dem 18. Jahrhundert bestimmten Reglements die Tätigkeit der Feldschere und die Arbeitsorganisation in den Lazaretten. Nach dem preußischen Reglement von 1788 für die Infanterie hatten die Feldschere ein „Buch über Krankheiten und Behandlungsweisen" zu führen und die Ergebnisse der Behandlung jährlich dem

---

[6] Siehe Wörterbuch zur deutschen Militärgeschichte, Band 2, Berlin 1985, S. 848 f.

Generalchirurgen in einem Bericht, der „Generalliste", mitzuteilen. Daraus entwickelten sich die späteren Militärmedizinalstatistiken.

Ebenfalls ab 1788 waren in Preußen die Feldschere offiziell von der Tätigkeit des Rasierens und Bartscherens befreit. Im selben Jahr wurden die Kompaniefeldschere disziplinarisch den Regimentsfeldscheren unterstellt. 1790 wurde die Bezeichnung *Feldscheer*, um auch äußerlich die Anhebung ihrer Rolle zu unterstreichen, durch die des *Chirurgus* ersetzt. Interessanterweise führten ihre *Kollegen* in Mecklenburg-Schwerin bereits im Staatskalender 1785 die Bezeichnung *Regiments-Chirurgi*. Im Staatskalender 1784 hießen sie noch *Regiments-Feldscheerer*. Jedenfalls waren es in jener Zeit im Grenadier-Regiment Prinz Friedrich Franz ein C. C. Wittstock, im Infanterie-Regiment von Both der Johann Zacharias Lemcke und im Infanterie-Regiment von Gluer der Dr. A. L. Meyer – so die Staatskalender von 1783 und 1785. Bei C. C. Wittstock würde es sich nach dem Werk über die mecklenburgischen Ärzte nicht um Christian Christoph Wittstock (1752-1821) gehandelt haben, sondern um den Vater Balthasar (1724-1795), denn dieser ist dort als kurz vor seinem Tode zum *Generalchirurgus* ernannt aufgeführt. Ohnehin war er nur aus irgendwelchen persönlichen Rücksichten in jenem Band verblieben, denn ein studierter Mediziner mit abgeschlossener Promotion war er nicht. Das traf auch auf Johann Zacharias Lembcke zu. Er ist nicht in dem Band aufgeführt, starb 1789 oder am 21. Juni 1791 und wurde im Schriftverkehr auch 1787 noch als Regimentsfeldscher bezeichnet. Ich werde auf seinen Sohn noch eingehen. Dr. Adolph Ludwig Meyer (wohl 1730-1805) findet sich natürlich in dem Werk über die mecklenburgischen Ärzte.

Anfang des 18. Jahrhunderts entstanden die ersten militärärztlichen Bildungsanstalten. In den Garnisonen wurden Lazarette oder Krankenstuben eingerichtet. Sie dienten der kontrollierten Unterbringung und Pflege erkrankter oder verletzter Soldaten. In den Kriegen nahmen bewegliche, in der Nähe der Schlachtfelder eingerichtete Feldlazarette die Verwundeten und Kranken auf. Von dort erfolgte der Abtransport zu den Hauptlazaretten, die in der Regel in befestigten Orten eingerichtet wurden. Infolge des niedrigen Entwicklungsstandes der Militärmedizin war die Sterblichkeit unter den Verwundeten und Kranken sehr hoch. Meist starb ein Drittel von ihnen während des Abtransports.

Um kein Missverständnis aufkommen zu lassen: die Bezeichnung *Militärärzte* gab es in der preußischen Armee erst ab dem Jahre 1818 und galt dann auch erst vom Bataillonsarzt aufwärts. Bis 1790 wirkten also noch die dem zivilen Barbier- oder Bader-Stand entstammenden *Feldschere*. Diese Bezeichnung verrät noch die Hauptwerkzeuge des Berufs. Die Behandlung von Brüchen, Geschwüren und Wunden war ihr erlerntes Metier, ebenso auch das *Zahnreißen*. Erlangten diese Feldschere Kriegserfahrungen, dafür boten vor allem die Kriege

Preußens im 18. Jahrhundert ausreichend Möglichkeiten, so standen ihre anatomischen Einsichten denen von Universitätslehrern kaum nach und im Umgang mit Skalpell und Säge waren sie diesen ohnehin überlegen. Allerdings war ihr Ansehen bei der Truppe eher bescheiden und man sah in ihnen keine des Offiziersranges würdige Zeitgenossen. Studierte Ärzte, wie immer an heutigen Maßstäben gemessen gering deren Fachkenntnisse auch sein mochten, kamen in den Armeen nur vereinzelt vor.

Seit Ende des 17. Jahrhunderts nahm die militärmedizinische Literatur unter dem Einfluss der bürgerlichen Frühaufklärung einen Aufschwung. Gottfried Wilhelm Leibniz (1646-1716)[7] und Janus Abraham von Gehema (1648-1715)[8] wurden mit ihren Reformvorschlägen, vor allem mit Forderungen nach Abhärtung und Hygiene, zu Wegbereitern der medizinischen Prophylaxe in der Armee. Eine Anmerkung zu Gehema, auch Johann Abraham von Gehema, dessen Lebensdaten unterschiedlich angegeben werden. Nach Grete Grewolls um 1645 geboren und nach 1712 gestorben. Sicher ist, dass er erst Offizier war, nämlich Rittmeister in holländischen und dann bischöflich-osnabrückschen Diensten, dann in Utrecht und Leyden Medizin studierte und 1677 in Leyden promoviert wurde. Insbesondere wirkte er von 1688 bis 1695 als Hofarzt des Herzogs Gustav

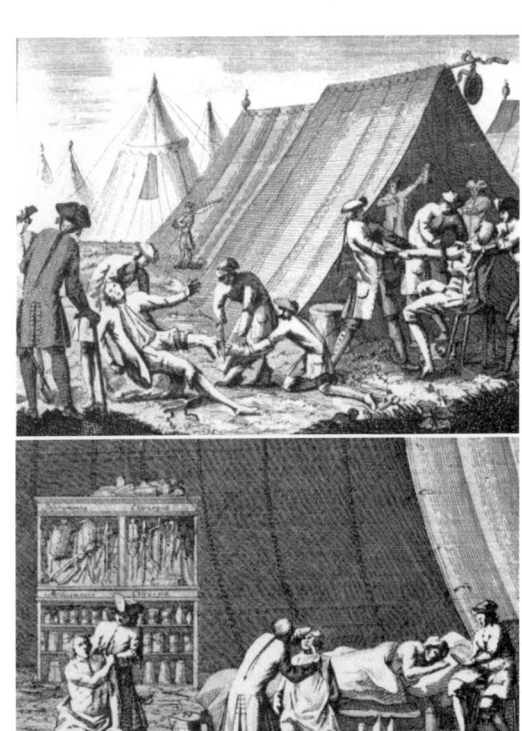

Abbildungen 3 und 4
Tätigkeit des Feldschers Anfang des 18. Jahrhunderts

---

[7] Gottfried Wilhelm Leibniz: http://de.wikipedia.org/wiki/Gottfried_Wilhelm_Leibniz (12.05.2015).

[8] Jan Abraham von Gehema: http://de.wikipedia.org/wiki/Jan_Abraham_von_Gehema (12.05.2015).

Adolph von Mecklenburg-Güstrow. Nach dessen Tod blieb er in Güstrow. Seitdem gibt es die Beziehung zu Mecklenburg. Die *Ratgeber* und die *Unterrichtsbücher* der preußischen Generalchirurgen Johann Theden (1714-1797),[9] Christian Mursinna (1741-1823)[10] und Johann Goercke (1750-1822)[11] sollten vor allem das Fachwissen der Kompaniefeldschere heben.

3. Vom Ende des 18. Jahrhunderts bis zu den Befreiungskriegen

Die bürgerliche Umgestaltung des Militärwesens im Gefolge der Französischen Revolution von 1789 und die wissenschaftlichen Fortschritte, vor allem in der Medizin, veränderten die Struktur des Militärmedizinalwesens und erweiterten dessen Aufgaben. In Frankreich wurden alle wehrfähigen Ärzte zum Kriegsdienst verpflichtet und zumeist in den *Service santé*, den Gesundheitsdienst, eingereiht. Ein Reglement für die Gesundheitspflege vom 21. Februar 1794 hob die in den feudalabsolutistischen Armeen üblichen Unterschiede in der Behandlung der Verwundeten und Kranken nach Rang und Stand auf und legte die gleichberechtigte Pflege und Behandlung fest. Natürlich gab es in der Praxis etliche Ausnahmen. Die französischen Generalchirurgen Pierre-Francois Percy (1754-1825) und Dominique Jean Larrey (1766-1842)[12] führten bahnbrechende Neuerungen eines zu operativem Einsatz geeigneten Sanitätswesens ein: Krankenträgerkompanien, schnell einsatzbereite bewegliche Feldlazarette sowie leichte, gefederte Krankenwagen.

Die Staaten des 1806 gegründeten Rheinbundes, beide Mecklenburg traten ihm erst 1808 bei, reorganisierten ihr Militärmedizinalwesen nach französischem Vorbild, was sich aber bei den kleinen mecklenburgischen Kontingenten nicht wirklich zeigte. Aber ein wenig hatte sich schon vorher getan. Der schon erwähnte Regimentschirurgus Lembcke hatte 1784 für das Regiment von Both in Schwerin die Errichtung eines Krankenhauses vorgeschlagen. Es war wohl eher eine Krankenstube, die der Herzog letztlich genehmigte. Eine solche hatte es gegen den Widerstand der Schweriner Bürger am Mühlentor gegeben. Sie hatte einen Unteroffizier als Verwalter. Seine Frau führte die Hauswirtschaft.

---

[9] Johann Christian Theden: http://de.wikipedia.org/wiki/Johann_Christian_Anton_Theden (12.05.2015).

[10] Christian Mursinna: http://de.wikipedia.org/wiki/Christian_Ludwig_Mursinna (12.05.20105).

[11] Johann Goercke: http://de.wikipedia.org/wiki/Johann_Goercke (12.05.2015).

[12] Dominique Jean Larrey: http://de.wikipedia.org/wiki/Dominique_Jean_Larrey (12.05.2015).

Als Krankenwärter wurde ein alter Soldat eingesetzt und für die medizinische Betreuung war ein *wachehaltender* Feldscher zuständig. Vorgesehen waren 20 Betten. Wie lange diese Einrichtung bestand, lässt sich nicht sagen.

Übrigens waren Ende des 18. Jahrhunderts die drei Regimentschirurgen finanziell besser als die zivilen Ärzte gestellt. In der Hofordnung nahmen sie wie die Leutnants und Kammerdiener die 13. Stelle ein. Das mag auch das intensive und schließlich erfolgreiche Bemühen des Generalchirurgen Lembcke erklären, seinen Sohn Johann Lembcke (auch Lembke geschrieben) entsprechend unterzubringen. Er schrieb am 12. Juni 1787 an Oberst von Plessen, Kommandeur des Leib-Grenadier-Regiments, dessen Chef Herzog Friedrich Franz I. selbst war:

Die allgemein bekannte traurige Beschaffenheit meiner Gesundheit ist von der Art, daß ich gut stündlich den Tod erwarten muß, als es seyn kann, daß ich in meinem jämmerlichen Zustand noch einige Zeit weg lebe.

Bei diesem harten Schicksale liegt mir die Versorgung meines Sohnes eben so sehr am Herzen als die Pflichten für diesen hochlöblichen Regimente, und darf hoffen Ew: Hochwohlgeb. werden die Bitte eines 40 jährigen Bedienten, eines bekümmerten und kranken Vaters zu beherzigen geruhen.

Mein Sohn — welcher bereits 25 Jahre alt ist, sich den Studiis Medic: et Chirurg: gewidmet haht und nunmehro 4 Jahre zu Berlin von den bekannten großen Profeßoren Voitus, Gönner, Geheimrath Meyer, General-Chirurgus Schmucker, Theden und Musinna, die Collegia gehört, zugleich unter ihrer Direction practisiret und bereits dieser Männer Zeugnis sowol zu Ludwigslust als auch hier vorgewiesen hat, wünschet mit mir meine als Regiments-Feldscher habende Stelle von Ihro Herzogl. Durchl. Gnade zu erhalten — wobei er sich den Bützow-Academischen Examen zuvor unterwerfen will.

Geruhen Ew: Hochwohlgeboren Sich für mich und ihn dieserhalb zu verwenden. Fristet mir Gott das Leben so soll mein Sohn bis Ostern künfftigen Jahres in Berlin bleiben, und demnächst wenn Ihro Herzogl. Durchl. ihn meinen Platz zu ertheilen geruhen mögten, solchen unter meiner väterlichen Leitung — in so fern er deren noch bedürftig seyn könnte — sofort bekleiden, und auf meine Kosten übernehmen.

Ich ersterbe in der größten Hochachtung.[13]

Oberst von Plessen reichte dieses Gesuch an den Herzog weiter, und zwar mit den Worten, er *empfehle dasselbe zur höchsten Gnade um so mehr da dieser*

---

[13] Landeshauptarchiv Schwerin (LHAS), Bestand 2.12-2/18, Nr. 8112.

junge Lemke sehr vortheilhafte Zeugnisse erhalten hat, sich dem Bützow-Acca-demischen Examen unterwerfen, demnächst unter Leitung seines 40 Jahre ge-dienten Vaters und auf desselben Kosten bis nach seinem Tode die Regiments Feldscher Stelle versehen will, als wodurch das Regiment bei der traurigen Schwächlichkeit worin sich der Vater befindet gewinnen, und im Todesfall des-selben Wittwe Unterhalt haben würde[14].

Die Antwort des Herzogs datierte vom 25. Juni und lautete, *daß wenn derselbe fortfahren wird, gute Zeugnisse von dem General-Chirurgus Theden, welcher Uns überdem bey Unserer Anwesenheit in Berlin viel Gutes von diesem jungen Menschen gesagt hat herbeyzubringen, er seines Vaters Dienst erhalten solle. Ludwigslust d 25. Juny 1787*[15].

Auf den jungen Johann Lembcke gehe ich ein wenig später noch einmal ein. Zunächst nur diese Anmerkung: Er war 1764 in Schwerin geboren, hatte vier Jahre in der preußischen Armee gedient, war tatsächlich am 2. August 1788 Regimentschirurg im Grenadier-Regiment von Both als Adjunkt seines dann am 21. Juni 1791 gestorbenen Vaters geworden und war am 20. Juli 1790 in Rostock promoviert worden.

Nun zu einer anderen bedeutenden Persönlichkeit des Mecklenburg-Schweriner Militärmedizinalwesens – zu Johann Wilhelm Josephi. Entgegen allen Erwartungen gehörte es durchaus zu den Einrichtungen, die einem Ver-gleich mit anderen deutschen Bundeskontingenten stand-hielten. Das war vor allem dem Wirken des Generalchi-rurgus Johann Wilhelm Josephi und auch seiner Nachfol-ger zu verdanken.

Johann Wilhelm Josephi war am 8. März 1763 in Braunschweig als Sohn des Hofchirurgus Rudolph Chris-tian Josephi und der Magdeburger Arzttochter Henriette Liberti geboren und studierte ab 1782 in Göttingen Medi-zin, um dann 1784 in Helmstedt zu promovieren. Ab 1789 wirkte Josephi in Rostock, seit 1795 als ordentlicher Pro-

Abbildung 5
Johann Wilhelm
Josephi als
Generalchirurg

fessor. Im Jahre 1805 gelang es ihm, im Infanterie-Regiment Erbprinz (Garnison Rostock, das frühere Infanterie-Regiment von Gluer bzw. von Pressentin) dem bisherigen Regimentschirurgen Dr. Adolph Ludwig Meyer die, wie wir gesehen

---

[14] Ebenda.

[15] Ebenda.

haben, lukrative Stelle abzukaufen. Am 7. Juli 1808 ernannte ihn Herzog Friedrich Franz I. zum Generalchirurgen und Direktor sämtlicher Militärmedizinalanstalten. Jener Dr. Meyer starb übrigens schon am 15. April 1805.

Josephi trat sogleich mit bedeutsamen theoretischen Arbeiten und Reformvorschlägen auf. So entwickelte er in seinem 1808 abgeschlossenen „Lehrbuch der Kriegsarzneikunde", das 1813 als die „Anweisung zur Erhaltung der Gesundheit der Soldaten im Felde" erschien,[16] eine Reihe damals fortschrittlicher Ideen zur medizinischen Versorgung

Abbildung 6
Feldapotheke des Dr. Franz Crull 1813/14

der Truppen. Diese Vorschläge umfassten beispielsweise das Mitführen einer leinenen Binde, einiger Stückchen weicher Leinwand, etwas Scharpie (Verbandmaterial aus zerzupfter Leinwand), Heftpflaster und ein einfaches Feldtourniquet (provisorische Aderpresse) durch jeden Soldaten zur Selbsthilfe; das Verfügen jeden Regiments über einen bedeckten Wagen für das fliegende Spital und eine gut eingerichtete Apotheke; die Errichtung von Verbandsplätzen auf dem Kampffeld und dort die Organisation der Arbeit; die Aufstellung von Krankenträgerkompanien; die Forderung nach wöchentlicher Untersuchung jeden Mannes bei völliger Entblößung des Körpers, vorbeugend vor allem gegen venerische Infektionen und Krätze. Die humanistische Haltung Josephis kam auch in seinem Verlangen nach Behandlung verwundeter Gegner, der Stellung der Hospitäler unter besonderem Schutz und der Definition des medizinischen Personals als neutral ganz klar zum Ausdruck.

Obwohl Josephi nicht Direktor sämtlicher Militärmedizinalanstalten blieb – die Nichtteilnahme an den Kriegen 1812 und 1813 bis 1815 und damit das Fehlen persönlicher Einsatzbereitschaft gab den Ausschlag –, führte er seine reformerischen Arbeiten fort. 1829 gab er den bemerkenswerten „Grundriss der

---

[16] JOSEPHI (wie Anm. 1).

Militär-Staatsarzneikunde" heraus.[17] Die Bedeutung liegt hier auf militärhygienischem Gebiet, denn Josephi forderte zum Beispiel beim Neubau von Kasernen und Garnisonslazaretten helle, gut belüftete Räume, zweckmäßige Abortanlagen und eine ausreichende Beheizung. Bei der Behandlung infektiös Erkrankter ging es ihm um deren Isolierung, eine rasche Berichterstattung und sich daran anschließende Maßnahmen, um ein Ausbreiten derartiger Krankheiten zu verhindern, sowie um Anstrengungen zur Desinfektion.

So betrachtet, hatte der hervorragende Mediziner Josephi – übrigens 1805/1806 und 1819 auch Rektor der Universität von Rostock[18] sowie 1839 Geheimer Medizinalrat – in der Tat viel zur ärztlichen Versorgung der Mecklenburg-Schweriner Soldaten getan. Er starb am 31. August 1846 in Hohen Sprenz.

Josephi hatte nicht an Feldzügen, insbesondere am Russlandfeldzug 1812 teilgenommen. Das tat für ihn als Regimentschirurg Dr. Johann Lembcke. Er kam während des Rückzuges im November 1812 um. Nach Angaben des Sekondeleutnants Otto von Raven, dessen Tagebuch 1998 erschien,[19] war er zwischen Dorogobusch und Smolensk auf dem Medizinwagen erfroren. Nach dem eingangs genannten Werk „Die Mecklenburgischen Ärzte" jedoch kam er in einem Pistolenduell mit Sekondeleutnant Karl Heinrich von Suckow bei Kochanowo unweit Smolensk wegen eines Streits um ein Beutepferd ums Leben. Sein Sohn diente später als Offizier in der Landesgendarmerie von Mecklenburg-Schwerin.

Viele Anregungen Josephis, verbunden mit eigenen Überlegungen, konnten in der Truppenpraxis erst die Brigadeärzte Johann Christian Dietrich Leonhard Kloos und Carl Johann Frese umsetzen. Schauen wir auf beide Persönlichkeiten.

4. Nach den Befreiungskriegen

Johann Christian Dietrich Leonhard Kloos wurde am 2. September 1783 als Sohn des Buchbindermeisters Johann Dietrich Kloos in Grabow geboren. Er diente, schon promoviert, ab 1810 als Garnisonsarzt in Ludwigslust und im dortigen Grenadier-Garde-Bataillon. Die Soldaten des Infanterie-Regiments ab 12. Mai 1813 und der Brigade ab 31. Juli 1815 fanden ihn in den Feldzügen 1813,

---

[17] JOSEPHI (wie Anm. 1).

[18] Eintrag von Wilhelm Josephi im Catalogus Professorum Rostochiensium:, http://cpr.uni-rostock.de/metadata/cpr_person_00001255 (13.05.2015).

[19] KEUBKE, Klaus-Ulrich (Hrsg.): Tagebuch des Feldzuges in Rußland im Jahre 1812 von Otto Gotthard Ernst von Raven. Rostock [u.a.] 1998 (Quellen und Studien aus den Landesarchiven Mecklenburg-Vorpommerns 2).

1814 und 1815 an ihrer Seite. Am 19. Juni oder am 1. Dezember 1815 wurde er statt Josephi Direktor des sämtlichen Militär-Medizinalanstalten von Mecklenburg-Schwerin. Am 7. Februar 1816 ernannte ihn Großherzog Friedrich Franz I. zum Generalchirurgen. Später wirkte Kloos auch als Mitglied des Direktoriums der *Irrenanstalt Sachsenberg*. Seine Verdienste fanden auch in Preußen Anerkennung. König Friedrich Wilhelm III. zeichnete ihn 1817 mit dem Allgemeinen Ehrenzeichen erster Klasse und 1830 mit dem Roten Adler-Orden 4. Klasse aus. Dr. Kloos starb am 23. Dezember 1842 in Schwerin.

Am 1. März 1843 folgte ihm Dr. Carl Johann Frese im Amt als Brigadearzt und Direktor der sämtlichen Militär-Medizinalanstalten des Großherzogtums. Am 4. September 1790 in Ludwigslust als Sohn des Hof- und Regimentschirurgen Carl Jakob Frese (Regimentschirurg des Leib-Grenadier-Regiments) geboren, studierte er seit 1811 in Berlin Medizin. Dieses Studium unterbrach er 1813 mit dem Eintritt in das Mecklenburg-Schweriner Freiwillige Jäger-Regiment zu Fuß. Er erhielt am 29. April 1813 das Patent als Sekondeleutnant. Nach Auflösung des Truppenteils im August 1814 setzte er sein Studium der Medizin in Göttingen bis zur Promotion am 3. April 1817 fort. Am 1. Juli 1820 als Regiments-Arzt des Cheveaulegers-Regiments eingestellt, wurde er zunächst am 21. November 1821 Hofchirurg. Weitere seiner Stationen und Titel waren am 1. Januar 1834 Hofrat, am 1. März 1843 Brigadearzt in Schwerin und Direktor sämtlicher Militär-Medizinalanstalten, 1849 Generalarzt, am 28. Januar 1850 Leibarzt des Großherzogs Friedrich Franz II., am 28. Februar 1855 Geheimer Hofrat, am 5. Juni 1857 der Rang als Oberstleutnant und am 30. März 1863 als Oberst. Am 28. Juni 1864 wurde ihm der Abschied wegen Invalidität bewilligt. Er starb am 10. Dezember 1873 in Schwerin. Zu seinen wissenschaftlichen Leistungen zählen das „Reglement für die Großherzoglichen Militair-Lazarethe in Friedenszeiten", Schwerin 1845, und dann besonders die Anleitung „Kurzer Leitfaden zum Unterrichte der Unterofficiere, um bei vorkommenden plötzlichen Unglücksfällen den Soldaten in Abwesenheit eines Arztes die erste Hilfe zweckmäßig gereichen zu können", Schwerin 1856.[20]

Mit vielfältigen Reformmaßnahmen suchten beide Ärzte die medizinische Versorgung im Mecklenburg-Schweriner Militär entsprechend ihrer humanistischen Gesinnung zu verbessern. So entfielen schon bald nach 1821 die Medizingelder, die die Soldaten an die Ärzte bisher zu zahlen hatten und die sie das Gefühl haben ließen, die Ärzte würden an ihren Leiden Gewinn erzielen. Dann wurden 1822 das dienstliche Verhältnis der Militärärzte untereinander und zu

---

[20] Erstgenannter Titel ist nicht nachweisbar.

den Kommandeuren geregelt und erste Ansätze einer Medizinalstatistik im Militär eingeführt. Dies und häufige Inspektionen der Beiden als Brigadeärzte verbesserten die gesundheitliche Betreuung der Soldaten durchaus.

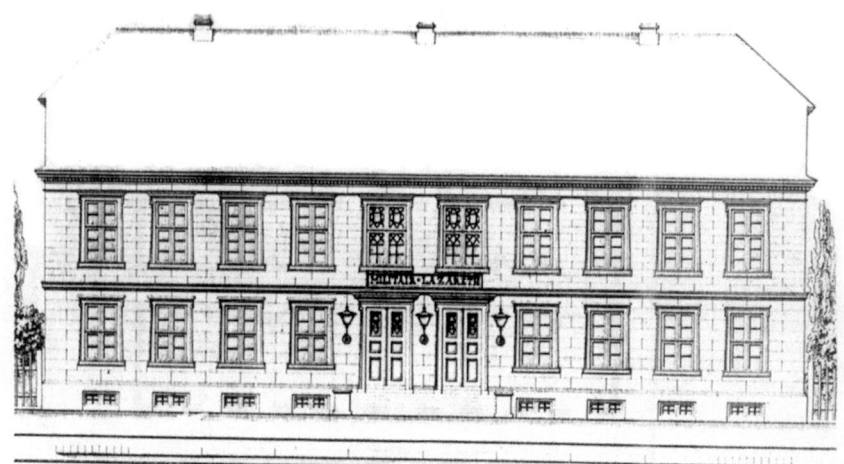

GEOMETRISCHER AUFRISS DER FAÇADE.

Abbildung 7
Entwurfszeichnung der Vorderfront des 1828 errichteten Militärlazaretts in Schwerin

Abbildung 8
Die heutige Sicht des Lazarettbaus
als Teil des Schweriner Arsenals

Im Jahre 1821 gab es zwar in allen Garnisonen Lazarette, doch befriedigte ihr baulicher und hygienischer Zustand nicht. Veränderungen und Neubauten schufen Abhilfe. Für die Cheveaulegers wurde in Grabow ein Lazarett mit 20 Betten in einem zweistöckigen Privatgebäude eingerichtet. Eine Trennung infektiöser und nichtinfektiöser Kranker konnte erfolgen.

In Schwerin genügte das alte Lazarett auch nicht mehr den Anforderungen.

Deshalb wurde 1828 am Pfaffenteich ein Garnisonslazarett errichtet. Die Baukosten von 7.600 Reichstalern teilten sich je zur Hälfte Stadt und Militär. Das Gebäude maß entlang der Vorderseite an der späteren Wismarschen Straße 103 Fuß (1 Fuß = 29,1 cm, also 29,97 m) und in der Breite 44 Fuß (12,80 m). Das Problem des Bauens auf dem stark abschüssigen Gelände hin zum Pfaffenteich löste der Verantwortliche, Oberlandbaumeister Carl Heinrich Wünsch (1780-1855), dadurch, dass das Haus vorn zwei Stockwerke und hinten, dem Pfaffenteich zu, drei Stockwerke erhielt. Es gibt den Hinweis von Dirk Wagner in seiner militärmedizinischen Dissertation, dass die Pläne für dieses Militär-Hospital Georg Adolph Demmler (1804–1886) als junger Baukondukteur für seinen damaligen Chef, den Oberlandbaumeister Wünsch, erarbeitet hatte. Dies war natürlich nicht ungewöhnlich. Andererseits hatte sich Wünsch mit der Nervenheilanstalt auf dem Sachsenberg im Hintergrund malen lassen, das heißt, hier sah er sich als eigentlicher Schöpfer. Im neuen Lazarett wurden ständig etwa 15 Patienten behandelt, in der Exerzierzeit im Herbst eines jeden Jahres sogar 50 bis 60 Patienten. Vorbildlich für die damalige Zeit, weil gar nicht selbstverständlich, war die strikte Trennung der Patienten nach der Art ihrer Erkrankung. Ähnlich günstige Verhältnisse bestanden im Rostocker Lazarett mit seinen 60 Betten.

Eine weitere interessante Persönlichkeit des Mecklenburg-Schweriner Militärmedizinalwesens mag Eduard Heinrich Gustav Paschen gewesen sein. Eduard Paschen wurde am 21. Januar 1815 in Hagenow als Sohn des Stadtsekretärs und Postmeisters Carl Heinrich Ernst Paschen und der Marie Friederike Elise, geb. Wendt, geboren. Nach Erreichen des notwendigen Alters besuchte der Junge das Gymnasium in Schwerin und studierte in den Jahren von 1834 bis 1841 Medizin an den Universitäten Rostock, Berlin und Halle. Nachdem er am 10. September 1841 an der Medizinischen Fakultät der Universität Rostock mit seiner Arbeit über Diabetes[21] erfolgreich promoviert hatte, ließ er sich zunächst als praktischer Arzt in seiner Geburtsstadt Hagenow bis zum 18. Mai 1842 nieder. Danach wechselte er bis zum 25. April 1848 nach Dömitz, wo er zugleich Zuchthausarzt und interimistischer Garnisonsarzt in der damaligen Festung war.

Abbildung 9
Generalarzt
Eduard Heinrich
Gustav Paschen

Sein Eintritt in das Mecklenburg-Schweriner Militär begann für Dr. Paschen als Teilnehmer des Feldzuges 1848 in Schleswig-Holstein als Unterarzt

---

[21] PASCHEN, Eduard Heinrich Gustav: De diabete mellito. Dissertatio inauguralis medica. Rostock 1841.

im II. Musketier-Bataillon (Garnison Rostock). Sein Patent datierte vom 18. November jenen Jahres. Mit dem 20. Mai 1849 wurde Dr. Paschen als Oberarzt in das I. Musketier-Bataillon nach Wismar versetzt und dort 1850 zum Oberstabsarzt befördert. Mit dem Bataillon machte er den Feldzug in Baden 1849 mit. Am 1. Juli 1863 wurde er in das Dragoner-Regiment nach Ludwigslust versetzt und dort am 8. Oktober 1867 Regimentsarzt. Am Feldzug 1866 hatte Dr. Paschen aufgrund einer Erkrankung nicht mit den Dragonern teilnehmen könne. Er übernahm jedoch gleich nach seiner Genesung die Leitung eines Feldlazaretts in Nürnberg. Am 12. Mai 1868 erhielt Dr. Paschen den Rang eines Majors, mit dem er am 1. Juni 1869 in den preußischen Armeeverband übernommen wurde. Im Deutsch-Französischen Krieg 1870/71 handelte Dr. Paschen zunächst als Chefarzt des 5. Feldlazaretts des IX. Armeekorps, dann als Feldlazarett-Direktor des XIII. Armeekorps und des Generalgouvernements zu Reims. Im Frühjahr 1871 wirkte er bis zur Demobilmachung in Hamburg-Altona als Garnisonsarzt. Dann kehrte er in sein Dragoner-Regiment Nr. 17 nach Ludwigslust zurück.

Dr. Paschen erfuhr am 23. Februar 1876 die Ernennung zum Medizinalrat und am 20. November 1879 seine Verabschiedung mit dem Charakter als Generalarzt und der Uniform des Sanitätskorps. Zu seinem 90. Geburtstag im Jahre 1905 ehrte Großherzog Friedrich Franz IV. von Mecklenburg-Schwerin ihn durch die Verleihung seines Bildnisses in Rahmen mit Krone. Generalarzt Dr. Eduard Paschen starb am 26. April 1910 in Ludwigslust als der damalige Nestor deutscher Militärärzte im 96. Lebensjahre.

Zum Schluss meines Beitrages sei noch ausgeführt: In der Mitte des 19. Jahrhunderts kam etwa 35 Jahre nach dem Ende der Befreiungskriege wieder Mecklenburger Militär zum Einsatz. Das war bei der Unterstützung der Schleswiger und Holsteiner in ihrem Kampf um die Loslösung vom dänischen Königreich 1848, beim Mitwirken an der Zerschlagung der badisch-pfälzischen Revolutionstruppen 1849 und auch als Ordnungsmacht in der Freien und Hansestadt Lübeck Ende 1848 sowie bei der Niederhaltung revolutionärer Bestrebungen in beiden Mecklenburg.

Gefallene mecklenburgische Soldaten, Unteroffiziere und Offiziere gab es in den Feldzügen in Schleswig-Holstein 1848 und in Baden 1849. Noch mehr wurden verwundet, viele so schwer, dass sie ihr restliches Leben gezeichnet blieben.

Die jeweils schwersten Verluste hatten die Mecklenburg-Schweriner Truppen in den Gefechten bei Düppel und Nübel (dänisch: Nybøl) am 28./29. Mai 1848 und bei Ladenburg am 15. Juni 1849 erlitten. So waren in erstgenannten Gefechten der Premierleutnant Alexander von Hirschfeld (28 Jahre jung), drei Unteroffiziere und 19 Soldaten gefallen bzw. nur wenig später an ihren Verletzungen gestorben. Bei Ladenburg fielen oder starben an ihren Wunden Kapitain Helmuth von Schreeb (44 Jahre alt), ein Unteroffizier und elf Soldaten.

Unter den schweren Verwundungen seien für Düppel und Nübel 1848 beispielhaft herausgehoben: die Grenadiere <u>Boldt</u> (*Kartätschschuß oberhalb des rechten Knies, schwer*), Müller (*Musk. Schuß in d. Knie, schwer*), Schmook , Gren.-Garde-Batl., 2. Komp., *Musk.Schuß in d. Kopf (schwer)* und <u>Millahn (</u> *Musk.Schuß in d. Kopf, schwer*), die Musketiere <u>Seelig (</u>*Zerschmetterung des rechten Knies durch eine Kartätschkugel, das Bein ist amputirt*), und Kremer (*im Halse, schwer*) sowie die Kanoniere Evers (*in der Schulter u. am Fuß, schwer*) und Busacker (*im Fuß, schwer*). Bei Ladenburg erlitten unter anderen diese Männer schwere Verletzungen: die Grenadiere Sabben (*das Fleisch des Oberschenkels durch eine Rollkugel weggerissen.*), Hagen (*einen Schuß durch beide Oberschenkel*) und Scharnberg (*eine Brustwunde mit Zerschmetterung des Schlüsselbeins*), die Musketiere Reichert (*die Zehe und der Mittelfußknochen durch eine Kanonenkugel zermalmt*) und Mass (*der linke Unterschenkel durch eine Kanonenkugel abgeschossen*), von der Artillerie der Feuerwerker Bahe (*ein Fuß abgeschossen*) und der Kanonier Steinhuss (*eine Hand abgeschossen*).[22]

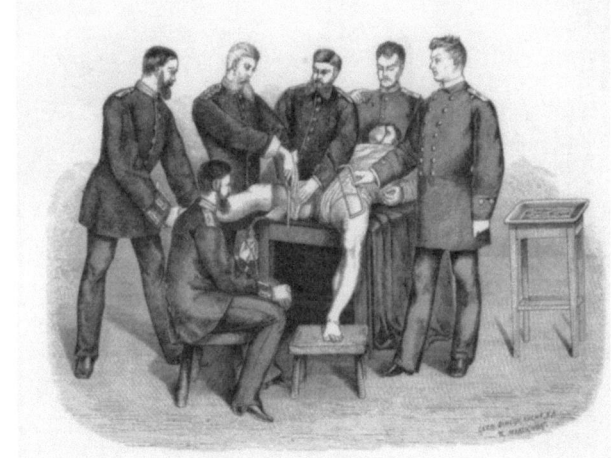

Abbildung 10
Oberschenkel-
amputation nach
Friedrich von Esmarch
1877

---

[22] Eine genaue Übersicht über alle Gefallenen einschließlich der Todesursache und der Verwundeten und Erkrankten in: KEUBKE, Klaus-Ulrich; MUMM, Ralf: Mecklenburger Truppen in Schleswig-Holstein, in Baden und bei inneren Unruhen im eigenen Lande 1848/49, Schwerin 2012, S. 70 ff. und S. 152 ff.

Abbildungen

Abbildung 1
Georg Friedrich August Blanck.
Die mecklenburgischen Aerzte (wie Anm. 3), zwischen den Seiten S. 376 und 377.

Abbildung 2
Der *Wundmann* mit den wichtigsten Verwundungen.
GERSDORFF, Hans von: Feldbuch der Wundarznei. Straßburg 1517. Hier nach: RING, Friedrich: Zur Geschichte der Militärmedizin. Berlin 1962, S. 22.

Abbildungen 3 und 4
Tätigkeit des Feldschers Anfang des 18. Jahrhunderts.
FLEMING, Hans Friedrich von: Der vollkommene teutsche Soldat. Leipzig 1726. Hier nach: DEIß, Friedrich Wilhelm: Das deutsche Soldatenbuch. Erster Band. Leipzig 1926, S. 160.

Abbildung 5
Johann Wilhelm Josephi als Generalchirurg. Kabinettfoto nach einem Gemälde im Besitz des Autors.

Abbildung 6
Feldapotheke des Dr. Franz Crull (1787-1848), Regimentsarzt der Freiwilligen Jäger zu Fuß 1813/14.
Mecklenburgisches Volkskundemuseum Schwerin-Mueß.

Abbildung 7
Entwurfszeichnung der Vorderfront des 1828 errichteten Militärlazaretts in Schwerin.
Landeshauptarchiv Schwerin (LHAS) 2.12-2/18 Acta militaria, Nr. 2869.

Abbildung 8
Die heutige Sicht des Lazarettbaus als Teil des Schweriner Arsenals.
Foto des Autors im Jahr 1998.

Abbildung 10
Generalarzt Eduard Heinrich Gustav Paschen.
Abbildung im Besitz des Autors.

Abbildung 10
Oberschenkelamputation.
ESMARCH, Friedrich von: Handbuch der kriegschirurgischen Technik. Eine gekrönte Preisschrift mit 536 Holzschnitten und 30 Tafeln in Farbendruck. Hannover [u.a.] 1877, S. 183.

Wohlfahrt für das Land und inszenierte Fürsorge

Soziale Stiftungen als Mittel der Herrschaftsrepräsentation der großherzoglichen Familie von Mecklenburg-Schwerin im 19. Jahrhundert

VON JAKOB SCHWICHTENBERG

Die Herrschaftsdarstellung und Repräsentation der europäischen Monarchen des 19. Jahrhundert ist durch militärische Paraden, Uniformen, Reisen und Herrschertreffen gekennzeichnet. Die überlieferten Photographien und Filmaufnahmen haben maßgeblich zu dieser Sicht beigetragen und sie scheinbar bestätigt.[1] Die Verbindung von Militär und Krone stellte zwar einen maßgeblichen Teil der monarchischen Selbstdarstellung dar, war jedoch nicht der einzige Weg zur Vermittlung und Darstellung von Macht. Wohlfahrtspflege als Betätigungsfeld adliger Familien ist nach den sogenannten Befreiungskriegen ein wesentlicher Bestandteil der adligen und bürgerlichen Identität geworden.[2] Dies geschah nicht allein aus Nächstenliebe, sondern entwickelte sich zu einem wesentlichen Bestandteil monarchischer Herrschaftsrepräsentation und wirkte zudem systemstabilisierend. Auch die großherzogliche Familie von Mecklenburg-Schwerin bediente sich dieser Herrschaftstechnik.[3]

Die europäischen Revolutionen und Aufstände der ersten Hälfte des 19. Jahrhunderts sowie die Napoleonische Herrschaft über weite Teile Europas hatten endgültig die Selbstverständlichkeit der Monarchie als Herrschaftsform in

---

[1] Grundlegend hierzu: PETZOLD, Dominik: Der Kaiser und das Kino. Herrschaftsinszenierung, Populärkultur und Filmpropaganda im Wilhelminischen Zeitalter. Paderborn [u. a.] 2012; PAULMANN, Johannes: Pomp und Politik. Monarchenbegegnungen in Europa zwischen Ancien Régime und Erstem Weltkrieg. Paderborn [u. a.] 2000; VOGEL, Jakob: Nationen im Gleichschritt. Die Kult der „Nation in Waffen" in Deutschland und Frankreich, 1871–1914. Göttingen 1997.

[2] BRIESE, Olaf: Angst in Zeiten der Cholera. Seuchen Cordon. Bd. 1. Berlin 2003, S. 201–204.

[3] WIESE, René: Orientierung in der Moderne. Großherzog Friedrich Franz II. von Mecklenburg in seiner Zeit. Bremen 2005, S. 187.

Frage gestellt. Das Ende des Ancien Régime bedeutete somit eine Neuorientierung der Herrschaftsrepräsentation.[4] Die Verankerung der neuen Repräsentationsmittel wurde zumeist historisiert, d. h. die erfundenen Traditionen benötigten die Autorität der Geschichte; um wirksam zu sein.[5] Die fürstliche Wohlfahrtspflege ist in dieser Hinsicht zu deuten. Doch warum betrieben die machthabenden Eliten erst jetzt Sozialfürsorge? In welchen Bereichen engagierten sich die Mitglieder des großherzoglichen Hauses?

Nachfolgend sollen zunächst die Ursachen für die Entwicklung der Sozialfürsorge im 19. Jahrhundert betrachtet werden, daran anschließend die systemstabilisierende Bedeutsamkeit der Maßnahmen für die monarchische Herrschaftsform. Die Popularisierung des Sozialengagements am Beispiel von Anekdoten und die Verklärung der Lebens- und Leidensgeschichte von Großherzogin Auguste von Mecklenburg-Schwerin (1822–1862) bilden den Abschluss der Betrachtung. Am Beispiel der 41jährigen Regierungszeit Friedrich Franz II. von Mecklenburg–Schwerin (1823–1883) sollen die theoretischen Vorüberlegungen verdeutlicht werden. Aufgrund der herausgehobenen Bedeutung des Stifts Bethlehem in Ludwigslust und des Augustenstifts in Schwerin werden ausschließlich diese beiden Einrichtungen betrachtet. Eine zeitliche Weiterführung des Themas bis ins Jahr 1918 sowie ein Ausweitung auf weitere Sozialeinrichtungen können an dieser Stelle nicht geleistet werden.

Sozialpolitik als Herrschaftsmittel und Bestandteil der monarchischen Repräsentation

Die französische Revolution und die in der ersten Hälfte des 19. Jahrhunderts über ganz Europa verbreiteten Aufstände und Revolutionen stellten nicht nur die Monarchie als Herrschaftsform in Frage, sondern wirkten sich auch auf den sozialen Bereich aus. Die gesellschaftlichen Verhältnisse erschienen nunmehr wandelbar und nicht mehr gottgegeben.[6] Verstärkt wurde diese Entwicklung

---

[4] CANNADINE, David: Die Erfindung der britischen Monarchie 1820–1994. Berlin 1994, S. 7–12; LANGEWIESCHE, Dieter: Die Monarchie im Jahrhundert Europas. Selbstbehauptung durch Wandel im 19. Jahrhundert. Heidelberg 2013, S. 5–6.

[5] Ausführlich zum Konzept: HOBSBAWM, Eric: Introduction. Inventing Traditions. In: DERSELBE / RANGER, Terence (Hrsg.): The invention of tradition. Cambridge [u. a.] 1996, S. 1–14.

[6] FRIEDRICH, Martin: Kirche im gesellschaftlichen Umbruch. Das 19. Jahrhundert. Göttingen 2006, S. 224.

durch die jahrelangen Kriegshandlungen am Beginn des 19. Jahrhunderts sowie die als „Pauperismus" bezeichnete Massenarmut der ländlichen und städtischen Bevölkerung.[7] Die Lösung der „Sozialen Frage" wurde zur entscheidenden politischen Aufgabe der Zeit. Die Krise der Landwirtschaft seit den 1820er-Jahren sowie die Folgen der Aufhebung der Leibeigenschaft verstärkten diese Situation noch.[8] Der Verbesserung der Lebensumstände der davon betroffenen Menschen wandten sich zahlreiche Personen und Gruppierungen zu. Neben dem im Februar 1848 erschienene „Manifest der Kommunistischen Partei" von Karl Marx (1818–1883) und Friedrich Engels (1820–1895) waren es auch die Aktivitäten und Veröffentlichungen des Hamburger Theologen Johann Hinrich Wichern (1808–1881), die sich dieser Problemantik annahmen.[9] In kirchlichen Kreisen waren es insbesondere Akteure der Erweckungsbewegung, die sich der „Sozialen Frage" zuwandten. Die Wiederbelebung der neuzeitlichen Diakonie, die Entwicklung der Inneren Mission und die Gründung zahlreicher Sozialvereine ist eine direkte Folge des fehlenden Engagements der Landeskirchen.[10] Diese neugegründeten Einrichtungen standen den Landeskirchen nahe, waren aber in der Regel kein Glied derselben.[11] Adlige und bürgerliche Einzelpersonen, die der Erweckungsbewegung angehörten, waren daher zunächst die Triebkräfte der christlichen Wohlfahrtspflege. Etwa zeitgleich setzten auch restaurative Bestrebungen in den Landeskirchen ein.[12] In Mecklenburg-Schwerin ist dieser inner-

---

[7] BLASIUS, Dirk: Konservative Sozialpolitik und Sozialreformen im 19. Jahrhundert. In: KALTENBRUNNER, Gerd-Klaus (Hrsg.): Rekonstruktion des Konservatismus. Bern/Stuttgart 1978, S. 469–488, hier S. 470–471.

[8] KARGE, Wolf / RAKOW, Peter-Joachim: Im Spannungsfeld von Beharrung und Fortschritt. Zwischen Landesgrundgesetzlichem Erbvergleich und parlamentarischer Demokratie. In: ERICHSEN, Johannes (Hrsg.): 1000 Jahre Mecklenburg. Geschichte und Kunst einer europäischen Region. Rostock 1995, S. 72–80, hier S. 75–77.

[9] KAISER, Jochen-Christoph: Evangelische Kirche und sozialer Staat. Diakonie im 19. und 20. Jahrhundert. Stuttgart 2008, S. 18–19.

[10] FRIEDRICH (wie Anm. 6), S. 228–232.

[11] Ebenda, S. 234; KAISER (wie Anm. 9), S. 21–22.

[12] Zur größeren gesellschaftlichen Relevanz der Kirchen im 19. Jahrhundert und als Gegendarstellung zur Säkularisierungsthesen siehe: BLASCHKE, Olaf: Der »Dämon des Konfessionalismus«. Einführende Überlegungen. In: DERSELBE (Hrsg.): Konfessionen im Konflikt. Deutschland zwischen 1800 und 1970: ein zweites Konfessionelles Zeitalter. Göttingen 2002, S. 13–69; FRIEDRICH (wie Anm. 6), S. 227–234.

kirchliche Umbruch mit der Berufung Theodor Kliefoths (1810–1895) zum Superintendenten von Schwerin 1844 verbunden.[13] Am Beispiel des Stifts Bethlehem und des Augustenstifts lassen sich die oben beschriebenen Entwicklungen nachvollziehen.

Die Initiative zur Gründung des Stifts Bethlehem ging von Helene von Bülow (1816–1890) aus. Die Predigten des zwischen 1840–1844 in Ludwigslust tätigen Theodor Kliefoths hatten Helene bereits früh auf die christliche Wohlfahrtspflege aufmerksam gemacht und in ihrem Wirken bestärkt. Hinzu kam der Tod ihres Bruders Weihnachten 1841, durch den sie eine Art Berufungserlebnis hatte.[14] Nachdem sie 1846 die Diakonissen-Anstalt Kaiserswerth von Theodor Fliedner (1800–1864) und im darauffolgenden Jahr das neuerrichtete Zentrale Diakonissenhaus Bethanien in Berlin unter der Leitung ihrer Freundin Marianne von Rantzau (1811–1855) besichtigt hatte, gründete sie im Sommer 1847 ein Kinderhospital in Ludwigslust. Durch zahlreiche Spenden sowie einen beträchtlichen Teil ihres Privatvermögens entwickelte sich die Einrichtung rasch weiter.[15] Von größter Bedeutung war allerdings das ideelle und finanzielle Engagement des großherzoglichen Haues, insbesondere von Großherzogin Auguste. Seit 1850 bemühten sich sowohl Helene von Bülow als auch der Ludwigsluster Präpositus Ernst Salfeld (1802–1873), das Kinderkrankenhaus zur Diakonissenanstalt weiterzuentwickeln. Ein Jahr später erfüllte sich diese Absicht. Helene von Bülow überschrieb das in ihrem Privatbesitz befindliche Kinderkrankenhaus der Landeskirche. Im Gegenzug wurde sie zur Oberin des neu entstandenen Stifts bestimmt. Außerdem erhielt sie das Recht ihre Nachfolgerin selber zu bestimmen. Eingesegnet in ihr neues Amt wurde Helene von Bülow am 3. November 1851 – ein symbolisches Datum, das auf die Verbundenheit des Stifts mit dem großherzoglichen Haus hinweisen sollte. Es handelte sich hierbei um den Hochzeitstag von Friedrich Franz II. und Auguste. Der Name für die neugegründete Einrichtung wurde von der Oberin selbst bestimmt und erinnerte an ihr Berufungserlebnis.[16] Die tatkräftige Hilfe der Ludwigsluster Diakonissen bei der

---

[13] HAACK, Ernst: D. Theodor Kliefoth. Ein Charakterbild aus der Zeit des christlichen Glaubenslebens und der lutherischen Kirche im 19. Jahrhundert. Schwerin 1910, S. 174–188.

[14] KRABBE, Johannes: Helene von Bülow. Ein Lebensbild. Schwerin 1896, S. 4–12.

[15] Ebenda, S. 12–32.

[16] ATTULA, Axel: Netzwerke der Barmherzigkeit. Mecklenburgs Diakonissen. Ein Ausstellungsbegleiter. Ribnitz-Damgarten 2013, S. 5–7; JENNER, Harald: Innere Mission und Diakonie in Mecklenburg. Bd. 1. Kiel 1998, S. 51–59. Populär ist die von Stiftspropst Johannes Krabbe veröffentlichte Episode, siehe: KRABBE (wie Anm. 14), S. 4–6.

Choleraepidemie im Jahr 1859, die besonders stark in Vilz, Dummerstorf, Mariental, Tessin und Goldberg auftrat, machte die Diakonissenanstalt im ganzen Großherzogtum bekannt.[17]

Ida Masius
Landeskirchliches Archiv
Foto: Norbert Credé

Wie das Stift Bethlehem, ist auch die Gründung des Augustenstifts in Schwerin auf eine Privatinitiative zurückzuführen. Der im Januar 1852 in Schwerin gegründete „Frauenverein" bemühte sich bereits kurze Zeit später um Räumlichkeiten für die Unterstützung armer und alter Menschen. Im gleichen Jahr kaufte der Oberkirchenrat auf Weisung von Großherzog Friedrich Franz II. das ehemalige Schützenhaus an und überschrieb dasselbe der Domgemeinde. Eine Nutzung durch den „Frauenverein" wurde vereinbart. Bereits ein Jahr später wurde die Einrichtung nach der Großherzogin in Augustenstift umbenannt. Anders als das Stift Bethlehem wurde die Schweriner Einrichtung sofort ein Teil der Landeskirche. Die Verwaltung und Bewirtschaftung wurden allerdings der Domgemeinde übertragen. Die nötigen Umbaumaßnahmen am Gebäude verzögerten die Arbeit des Augustenstifts. Erst im September 1854 zeichnete sich ein Ende der Arbeiten ab, nachdem ein Zimmer genutzt werden konnte.[18] Die Leitung oblag dem Domprediger, einem Ökonom und der Vorsitzenden des Frauenvereins Ida Masius (1824–1897). Eine Art Berufungserlebnis erfuhr die 30jährige Ida nach dem Tod ihres Mannes im Jahr 1854[19], aber bereits seit 1852 engagierte sie sich im Frauenverein.[20] Ida Masius

---

[17] KRABBE (wie Anm. 14), S. 70–79; SCHMALTZ, Karl: Kirchengeschichte Mecklenburgs. Bd. 3. Berlin (Ost) 1952, S. 398.

[18] HIRSCHFELD, Ludwig von: Friedrich Franz II. Großherzog von Mecklenburg-Schwerin, und seine Vorgänger. Nach Staatsakten, Tagebüchern und Korrespondenzen. Bd. 2. Schwerin 1891, S. 5–6; NIXDORF, Wolfgang: Chronik 1855–2005. 150 Jahre Augustenstift Schwerin. Zuflucht und Heimstätte für den Lebensabend. Nach alten Akten erzählt. Schwerin 2005, S. 7–16.

[19] BUCH, Ina von: Ida Masius, geb. Frese. Ein Lebensbild. Schwerin 1898, S. 19.

[20] Ebenda, S. 20–21.

war es auch, die den Großherzog um Räume für den Verein bat. Großherzogin
Auguste behielt die Oberaufsicht über das Augustenstift, Ida Masius wurde Vor-
steherin des Frauenvereins, nach dem Tod der Großherzogin schließlich zur Vor-
steherin des Augustenstifts von Friedrich Franz II. ernannt.[21]

Beide Beispiele verdeutlichen, dass die eigentliche Initiative zur Gründung und Etablierung der Einrichtungen von adligen beziehungsweise bürgerlichen Akteuren ausgingen. Diese waren kein Mitglied des Hofstaates, verfügten
jedoch über Beziehungen dorthin. Doch warum unterstützten Friedrich Franz II.
und seine erste Frau diese Initiativen? Welche Vorstellungen verbanden sich damit?

Tatjana Tönsmeyer bezeichnet die Wohltätigkeit neben dem Grundbesitz
als *traditionelles Forum der Stabilisierung von Adelsherrschaft.*[22] Die Wahrung
des gesellschaftlichen und sozialen Standes konnte längerfristig nur dadurch erfolgreich sein, wenn die Untergebenen an dem gegenwärtigen System partizi-
pieren konnten. Aus dieser Beobachtung ergibt sich auch die beigemessene Bedeutung.

Macht stellte stets eine „soziale Praxis" dar. Herrschaft ist demnach nicht
auf Einseitigkeit gegründet, sondern stets das Ergebnis eines Aushandlungspro-
zesses zwischen unterschiedlichen sozialen Gruppierungen. Hierbei werden sowohl Pflichten als auch Rechte bestätigt und aberkannt.[23] Die Hinwendung zur
Sozialarbeit ist in dieser Hinsicht zu verstehen. Bestätigt wird dies durch das
Urteil von Zeitgenossen. Sie betrachteten den fehlenden sozialen Ausgleich als
Hauptursache für den Ausbruch der Revolutionen von 1848.[24] Doch darf dabei
nicht vergessen werden, dass sowohl die Initiatoren der Erweckungsbewegung
als auch die Mitglieder der großherzoglichen Familie hauptsächlich eine Missi-
onierung bezweckten. Die Schaffung von Sozialreformen oder sozialem Ausgleich war kein vordergründiges Anliegen.[25] Armut und Elend weiter Teile der
Bevölkerung waren nach ihrer Auffassung eine Folge von Sünde. Wichern und
seine Nachfolger gingen davon aus, dass die äußerliche Not der Menschen die

---

[21] Ebenda, S. 24–28.

[22] TÖNSMEYER, Tatjana: Adelige Moderne. Großgrundbesitz und ländliche Gesellschaft in
England und Böhmen 1848–1918. Köln [u. a.] 2012, S. 193.

[23] Ebenda, S. 18–19.

[24] BLASIUS (wie Anm.7), S. 474.

[25] KAISER, Jochen-Christoph: Diakonie als sozialer Protestantismus. In: KRANICH, Sebastian
/ RENGER-BERKA, Peggy / TANNES, Klaus (Hrsg.): Diakonissen – Unternehmer – Pfarrer. Sozialer Protestantismus in Mitteldeutschland im 19. Jahrhundert. Leipzig 2009, S. 26–27.

Verkündigung der christlichen Botschaft verhinderte und somit zur fortschreitenden Säkularisierung beitrug. Die Beseitigung dieser Übel war demnach mit der Hoffnung verbunden, hierdurch eine Rechristianisierung einzuleiten. Die von Wichern und der großherzoglichen Familie geförderten sozialen Werke waren von einem christlich-konservativen Weltbild geprägt.[26] Als geeignetes Mittel erschienen Sozialeinrichtungen wie das Stift Bethlehem und das Augustenstift. Deutlich wird diese Beobachtung auch in der von Oberhofprediger Karl Jahn (1816–1891) veröffentlichten Biographie über Großherzogin Auguste aus dem Jahr 1863:

Ihre politische Anschauung, gebildet und gereift in Kreisen, welche dem Könige Friedrich Wilhelm IV. von Preußen nahe standen, konnte die in Mecklenburg eingeschlagene Bahn, diese neue, auf breitester Grundlage errichtete Verfassung, nur als eine unheilvolle betrachten. Und diese ihre Ueberzeugung ruhte auf der klaren, christlichen Einsicht, mit welcher sie die Stellung der Obrigkeit sowohl wie die Gliederungen des Volkslebens als göttlich gewollte Ordnung erkannte. Darum mußte die willkürliche Aenderung dieser Verhältnisse, der Bruch mit der geschichtlichen Entwicklung, das Nachgeben gegen den Andrang des revolutionären Zeitgeistes, ihr als ein Unrecht, als Sünde erscheinen, und schwer empfand sie die auf der Regierung lastende Verantwortlichkeit.[27]

Die Milderung der Lebensumstände war kein Angriff auf die bestehende gesellschaftliche und soziale Ordnung, sondern verfestigte vielmehr das bestehende System. Die restaurativen Bestrebungen der Landeskirche durch Theodor Kliefoth und die damit verbundenen Rechristianisierungs- und Konfessionalisierungsmaßnahmen ergänzten die Bemühungen zur Sicherung der monarchischen Staatsform. Zugleich bildeten die in kirchlicher Trägerschaft bzw. damit eng verbundenen Sozialeinrichtungen ein Bindeglied zwischen den konfessionslosen Landeseinwohnern und der Kirche.[28]

Das Engagement der Mitglieder des großherzoglichen Hauses lässt sich in zwei Bereiche gliedern. Hierbei handelt es sich zunächst um individuelle Hilfen. Diese waren ein Ergebnis von direkten Bitten um Unterstützungsleistungen in Form von Naturalien, Stipendien oder Pensionen. Diese Förderungen schufen

---

[26] Ebenda, S. 29.

[27] JAHN, Karl: Auguste. Großherzogin von Mecklenburg-Schwerin. Ein Lebensbild. Schwerin 1863, S. 45–46.

[28] KAISER (wie Anm. 25), S. 32.

Loyalität und Verbundenheit zwischen Spendern und den Empfängern und zeigten zugleich das asymmetrische Verhältnis beider Positionen an. Größere Bedeutung hatten die institutionellen Hilfen in Form von Stiftungen. Der unmittelbare Kontakt zwischen den Mitgliedern der großherzoglichen Familie und den Bewohnern und Patienten in den Stiftungen waren jedoch auch hier möglich und gewollt.[29]

Wohltätigkeit als Point of Contact

Die Bedeutsamkeit der Wohltätigkeit für die Monarchie lässt sich nicht nur durch die Unterstützung verarmter Landesbewohner erklären, sondern vielmehr durch die daraus erwachsenen sozialen Bindungen und Beziehungen.[30] Die bereits oben skizzierte patriarchale Struktur erforderte einen regelmäßigen und unmittelbaren Kontakt zwischen den Mitgliedern des großherzoglichen Hauses und den Bedürftigen. Die hieraus erwachsenen persönlichen Begegnungen verdeutlichten die Beziehung zwischen dem Patron und seinen Untergebenen. Die zunehmend unüberblickbaren und anonymen Verwaltungsstrukturen wurden durch diese Treffen durchbrochen. Die Zuwendungen für Krankenhäuser, Altenheime und sonstige Sozialeinrichtungen erschienen hierdurch nicht als administrative Handlung, sondern als „Opfer", „Anerkennung" oder „Zuwendung" des Großherzogs bzw. der Großherzogin selbst. Die fürstlichen Spender verdeutlichten zugleich ihr Interesse am Wohlergehen der Untergebenen.[31]

Die Nähe des Schweriner und Ludwigsluster Schlosses zum Augustenstift und Stift Betlehem führte dazu, dass beide Einrichtungen regelmäßig Besuch von Mitgliedern des großherzoglichen Hauses erhielten. So vermerkte die Aufseherin des Augustenstifts, Ida Masius, 1869 in der Stiftschronik: *„Allwöchentlich am Donnerstag hat ihre Königliche Hoheit* [Großherzogin Marie, Anm. J. S.] *die Absicht, das Augustenstift zu besuchen, u. führt es durch, so oft es geht."[32]* Wichtigstes Element der zeitgenössischen Berichte war jedoch die Erwähnung des unmittelbaren Kontakts zwischen Landesfürstin und Untertanen. Die Großherzogin wurde gleichsam zur Landesmutter stilisiert, die stets interessiert an den Nöten und Bedrängnissen ihrer Landeskinder war. Anders als die

---

[29] Die Unterteilung der Wohltätigkeit in die zwei Bereiche folgt der Gliederung bei TÖNSMEYER (wie Anm. 22), S. 196–197.

[30] EWALD, François: Der Vorsorgestaat. Frankfurt a. M. 1993, S. 92–93.

[31] TÖNSMEYER (wie Anm. 22), S. 197.

[32] Zitiert nach: NIXDORF (wie Anm. 18), S. 167.

unpersönliche, abstrakte staatliche Bürokratie sollte die Begegnung das Interesse an jedem einzelnen Untertanen unterstreichen.[33] Deutlich wird dies im Jahresbericht des Augustenstifts aus dem Jahr 1863:

> *Auch an äußeren Freuden hat die theure Landesmutter das Haus reich gemacht: während sie unter uns weilte, hat sie es nie unterlassen, zu Weihnachten und an anderen Fest- und Gedenktagen den Leuten eine Feier zu veranstalten, die dann ihren höchsten Glanz in der Gegenwart der geliebten Fürstin hatte. Man braucht nur ins Stift zu gehen und sich von den Alten aus solchen Tagen erzählen zu lassen, um zu erfahren, welche Liebe dort gesäet wurde und wie die Frucht davon aufgegangen ist in den Herzen. ‚Man konnte ihr alles sagen, sie hörte alles an und antwortete auf unsere armen Reden' – das sind so die Aussprüche dieser schlichten Leute, die es genugsam sagen, wie ihre Noth gedeckt war und wie sie sich glücklich fühlten unter dem Fittig solcher Liebe.*[34]

Die Besuche der Ludwigsluster und Schweriner Sozialeinrichtungen wären allerdings bedeutungslos für die Herrschaftsdarstellung geblieben, hätte man sie nicht medial verbreitet. Aufschlussreich sind hierfür die zahlreich überlieferten Anekdoten über Mitglieder des großherzoglichen Hauses. Die episodischen Geschichten waren wesentlicher Bestandteil der Biographien Friedrich Franz' II.[35] und seiner ersten Frau Auguste.[36] Zugleich tauchen die Geschichten auch in den Lebensgeschichten der führenden Akteure der Wohlfahrtseinrichtungen auf.[37] Die Besuche in Wohlfahrtseinrichtungen nehmen in den zeitgenössischen Lebensbeschreibungen einen besonderen Platz ein. Hierdurch wird abermals deutlich, dass die Wohlfahrtspflege ein wesentlicher Bestandteil der Herrschaftsdarstellung der mecklenburgischen Großherzöge im 19. Jahrhundert war. Die Anekdoten verweisen darauf, dass das soziale Engagement nicht allein ein Betäti-

---

[33] Allgemein zum persönlichen Verhältnis von Patron und Untergebenen, siehe: EWALD (wie Anm. 30), S. 153–154.

[34] Bericht über das Augustenstift in Schwerin. Ausgegeben zum Jahresfeste den 26. Mai 1863. Schwerin 1863, S. 5–6.

[35] Exemplarisch hierzu: HIRSCHFELD (wie Anm. 18); RISCHE, August: Friedrich Franz II. weiland Großherzog von Mecklenburg-Schwerin. Lebensbild eines christlichen Fürsten. Schwerin 1883.

[36] Exemplarisch hierzu: JAHN (wie Anm. 27).

[37] BUCH (wie Anm. 19); KRABBE (wie Anm. 14).

gungsfeld der Großherzgin war. Friedrich Franz II. wird in diesen kurzen Geschichten ebenfalls zu einem würdigen, gutmütigen und besorgten Landesvater stilisiert. Zugleich zeigt sich bei ihm, stärker als bei seiner Frau, die beigemessene Handlungskompetenz.

> *Als im Jahre 1859 in der Gegend von Güstrow die Cholera ausgebrochen war, hörte er [Friedrich Franz II., Anm. J. S.], daß in Goldberg namentlich ein solcher Schrecken über die Leute gekommen, daß die angesehensten Männer entweder davon gereist oder doch völlig den Kopf verloren hätten. Da reiste der muthige Fürst sogleich dahin und traf an Ort und Stelle mit Energie und Erfolg die geeigneten Anordnungen zur Bekämpfung der Seuche. Eine Klosterdame, die ihn in Dobbertin gebeten hatte, sich nicht der Gefahr der Ansteckung auszusetzen, 'er gehöre als Landesvater doch dem ganzen Lande', hatte er geantwortet: 'eben als Landesvater gehe ich nach Goldberg.'*[38]

Ein wesentliches Element zahlreicher Anekdoten ist das Gespräch des Großherzogs bzw. der Großherzogin mit Untergebenen. Hierdurch erhalten die märchenhaft anmutenden Geschichten den Charakter einer Audienz. Bei dieser Zeremonie bestand die Gelegenheit, seinen Dank, Sorgen und Nöte vorzutragen. Zugleich dienten die Audienzen auch der ästhetischen und sinnlich erfahrbaren Demonstration der Machtverhältnisse. Die Anekdoten dienten aufgrund dieser Beobachtung nicht allein als schmückendes Beiwerk der Lebensgeschichte. Vielmehr verdeutlichen sie die Bemühungen, das zeitgenössische Herrschaftssystem als stabil und gerecht darzustellen. Die gegenseitige Wertschätzung der unteren und oberen Gesellschaftsschichten in Form von Unterstützungsleistungen und Dank wird in den Anekdoten dargestellt.[39]

Der Besuch von Sozialeinrichtungen bzw. das Gespräch mit notleidenden Personen förderten zudem die gesonderte, nicht auswechselbare Stellung des

---

[38] RISCHE (wie Anm. 35), S. 12–13. Ausführlicher wird die Episode in der von Johannes Krabbe 1896 veröffentlichen Biographie über Helene von Bülow geschildert. Identisch ist die wörtliche Rede Friedrich Franz' II. Krabbe fügt dem Bericht außerdem noch eine Wertung bei: *Welch ein köstliches Wort der Selbstverleugnung und der Unerschrockenheit, der Liebe und der Fürsorge für die armen Cholerakranken!*, siehe: KRABBE (wie Anm. 14), S. 73.

[39] Über die Bedeutung von Audienzen, speziell zu außenpolitischen Aspekten, siehe: BURSCHEL, Peter / VOGEL, Christine (Hrsg.): Die Audienz. Ritualisierter Kulturkontakt in der Frühen Neuzeit. Köln [u. a.] 2014.

Fürsten und begünstigten seine Teilhabe an der mecklenburgischen Landesidentität. Der Gebrauch des Plattdeutschen war hierfür maßgeblich. Seit seinem Regierungsbeginn bemühte sich Friedrich Franz II. Plattdeutsch zu sprechen.[40] Nachfolgende Großherzöge nutzten diese Individualisierungsstrategie nicht und erschienen wohl daher der Nachwelt als weniger volksnah.[41]

Großherzogin Auguste – Ikone der Wohltätigkeit in Mecklenburg

Unter den mecklenburgischen Fürstinnen nimmt Großherzogin Auguste eine besondere Rolle ein. Nach ihrem Tod sollte sie nicht nur vorbildhaft für ihre Nachfolgerinnen sein, sondern wurde auch in der Öffentlichkeit als tatkräftige Landesmutter dargestellt.[42]

> *Beinah zwölf und ein halbes Jahr ist die Großherzogin Auguste Mecklenburgs Landesmutter gewesen. Sie hat während dieses Zeitraumes gewissermaßen eine besondere Regierung geführt: die Regierung über die geistlich und leiblich Armen und Kranken. Nicht als ob nicht auch der Großherzog seine Sorge und Liebe auf diese erstreckt hätte und noch erstreckte, – aber sie war das Auge, mit dem er sah, und die Hand, durch die er gab.*[43]

Große Bedeutung für die Verbreitung des Gedankens der Wohltätigkeit erlangten die preiswerten und in mehrfachen Auflagen verbreiteten Biographien Augustes. Neben der Lebensgeschichte widmeten sich diese Schriften ihrem christlichen Bekenntnis und ihrem sozialen Engagement. Die erste Lebensdarstellung dieser Art und Vorbild für spätere Publikationen war die noch im Todesjahr veröffentlichte Biographie des Oberhofpredigers Karl August Wilhelm Jahn.[44] Be-

---

[40] WIESE (wie Anm. 3), S. 253.

[41] SCHWICHTENBERG, Jakob: Fin de Siècle in der Provinz. Die Heimatbewegung in Mecklenburg zwischen 1900 und 1914. Unveröffentlichte Masterarbeit. Rostock 2015, S. 75–76.

[42] KRABBE (wie Anm.14), S. 120–121; WIESE (wie Anm. 3), S. 187.

[43] Auguste Großherzogin von Mecklenburg-Schwerin. Gestorben am 3. März 1862. In: Großherzoglich Mecklenburg-Schweriner Kalender auf das Jahr Christi 1864, welches ein Schaltjahr von 366 Tagen ist. Rostock 1864, S. 28–34, hier S. 31.

[44] JAHN (wie Anm. 27).

reits ein Jahr nach Erscheinen wurde die dritte unveränderte Auflage herausgegeben.[45] Eine englische[46] und eine französische Ausgabe[47] folgten zeitnah und
zeigten das Bemühen, die Lebensgeschichte Augustes über die Grenzen Mecklenburgs bekannt zu machen. Einen Schwerpunkt des Buches bildete die Todes-
und Leidensgeschichte Augustes. Die Schilderung der letzten Lebenstage diente
Jahn als Beweis für den Glauben Augustes. Die Frömmigkeit, so die Botschaft,
sollte auch bei den unteren gesellschaftlichen Bevölkerungsteilen wiederent-
deckt werden, um die äußeren Leiden zu überstehen.[48]

Karl Jahn ließ nach Erscheinen der ersten Biographie eine zweite, kürzere
und volkstümlicher gestaltete Darstellung bei der „Agentur des Rauen Hauses"
veröffentlichen.[49] Die Biographie wurde in der Reihe der Schillingsbücherei
aufgenommen. Die kleinen Bücher kosteten einen Schilling und waren für weniger vermögende Leser bestimmt. Sie sollten hierdurch mit den Zielen und In-
teressen der Inneren Mission vertraut gemacht werden sowie zur Vermittlung
von christlichen Werten beitragen.

Die Erinnerung an die verstorbene Großherzogin wurde nicht nur durch
publizistische Mittel befördert.[50] Das Sterbezimmer Augustes, das bereits in den
Veröffentlichungen Jahns einen besonderen Platz in ihrer Lebens- und Glau-
bensgeschichte einnahm, wurde kurz nach ihrem Tod umgestaltet. Der Umriss
des Bettes wurde im Fußboden durch vier eingelegte Kreuze gekennzeichnet.
Das zweite Empfangszimmer oder Teezimmer in der Beletage des Schweriner
Schlosses scheint seither als Memorialraum für Auguste und weitere verstorbene

---

[45] DERSELBE: Auguste. Großherzogin von Mecklenburg-Schwerin. Ein Lebensbild. Schwerin
1864.

[46] DERSELBE: Augusta. Grand Duchess of Mecklenburg-Schwerin. A biographical sketch.
Schwerin 1864. (Übersetzung von J. Rafter).

[47] DERSELBE: Souvenirs d'Augusta duchesse du Mécklenbourg Schwerin. Toulouse 1865.

[48] DERSELBE (wie Anm. 27), S. 7–8.

[49] DERSELBE: Auguste, Großherzogin von Mecklenburg. 1822-1862. Hamburg 1888.

[50] Ludwig von Hirschfeld widmet dem Tod von Großherzogin Auguste in seiner Friedrich
Franz II. gewidmeten Biographie ebenfalls viel Aufmerksamkeit, siehe: HIRSCHFELD (wie
Anm. 18), S. 35–36.

Mitgliedes des großherzoglichen Hauses genutzt worden zu sein.[51] Einen Raumeindruck vermittelt die um 1883 entstandene Fotografie von August Lewerenz (um 1850/51–1913).

Teezimmer im Schweriner Schloss
Foto: August Lewerenz (um 1883)

---

[51] Vgl. zur Raumausstattung des zweiten Empfangszimmers/Teezimmers vor und nach 1862: DANN, Thomas: Die großherzoglichen Prunkappartements im Schweriner Schloss. Ein Beitrag zur Raumkunst des Historismus in Deutschland. Schwerin 2007, S. 160–164.

An der Nordwand, durch zwei Engelsfiguren gerahmt, ist Augustes Büste zu erkennen.[52] Direkt darüber befand sich die Darstellung des Schweißtuchs der Veronika oder des in den orthodoxen Kirchen verbreiteten Ikonentyps „Vera ikon". Die mit beiden Darstellungsformen verbundene Vorstellung des wahren Gottesbildes sowie der passionsgeschichtliche Hintergrund der Veronika-Legende waren gewiss ausschlaggebend für die Verwendung des Bildes. Der Neuruppiner Bilderbogen hatte die Darstellung unter dem Titel „Leiden und Tod Jesu" ebenfalls in seinem Sortiment.[53] Die ikonographische Inszenierung des Raumes erinnerte somit nicht nur an die verstorbene Großherzogin Auguste, sondern zeigte zugleich ihr Engagement in der Wohlfahrtspflege an. Untersuchungen zur Öffentlichkeit der Schlossräume vor 1921 fehlen bisher.[54] Bekannt ist, dass die Repräsentationsräume der Festetage regelmäßig zugänglich waren. Ob auch die Gesellschaftsräume der Beletage öffentlich zugänglich waren, ist nicht bekannt. Dennoch bleibt zu vermuten, dass dieser Memorialraum teilweise öffentlich zugänglich war.

Fazit

Wohltätigkeit als Herrschaftsmittel findet in der Forschung zur Geschichte der Monarchie zunehmend mehr Beachtung. Wohltätigkeitseinrichtungen und die damit verbundenen Akteure bildeten ein Netzwerk über das gesamte Herrschaftsgebiet. Hierdurch öffnete sich ein neuer Kommunikationsraum für die Darstellung monarchischer Herrschaft. Die Aufrechterhaltung der gesellschaft-

---

[52] Die Büste wurde 1854 von Christian Genschow geschaffen. Gipsabgüsse befinden sich in den Beständen der Alten Nationalgalerie Berlin und im Staatlichen Museum Schwerin (Inv.-Nr.: FE 263). Für die obigen Informationen bedanke ich mich sehr herzlich bei Mathias Schott, Hamburg.

[53] NIEKE, Erdmute: Religiöse Bilderbogen aus Neuruppin. Eine Untersuchung zur Frömmigkeit im 19. Jahrhundert. Frankfurt a. M. 2008, S. 102.

[54] Die Öffentlichkeit von Schlossbauten ist bisher nur wenig untersucht worden. Grundlegend für die Frühe Neuzeit siehe: VÖLKEL, Michaela: Schlossbesichtigungen in der Frühen Neuzeit. Ein Beitrag zur Frage der Öffentlichkeit höfischer Repräsentation. München [u. a.] 2007. Zur Nutzungsgeschichte der Räume des Schweriner Schlosses nach 1918 siehe: ENDE, Horst: Vom Fürstensitz zum Baudenkmal von nationaler Bedeutung. In: BERSWORDT-WALLRABE, Cornelia von (Hrsg.): Schloss Schwerin. Inszenierte Geschichte in Mecklenburg. Schwerin 2008, S. 145–164; FROST, Andreas: Sammler, Forscher, Kitakinder. Die Nutzung des Schweriner Schlosses 1913 bis 1990. Schwerin 2013.

lichen Ordnung durch das sozialfürsorgliche Handeln wurde zunehmend zur Legitimation der Monarchie in unterbürgerlichen Bevölkerungsschichten genutzt. Zugleich dienten die Einrichtungen als Kontaktzone zwischen Untertanen und Mitgliedern der Fürstenfamilie. Publizistisch wurden diese Begegnungen in Form von Anekdoten ausgeschmückt und popularisiert. Das Motiv des sich um seine Untergebenen kümmernden Fürsten war hierbei zentral und förderte den gesamtgesellschaftlichen Konsens gegenüber der monarchischen Herrschaftsform. Am Beispiel der Regierungszeit und der Person Großherzog Friedrich Franz' II. von Mecklenburg-Schwerin wurden die oben beschriebenen Entwicklungen deutlich. Neben dem Großherzog war auch seine erste Frau Auguste ein zentraler Bestandteil dieser Herrschaftsdarstellung. Die Stilisierung des Fürstenpaares zum Landesvater bzw. zur Landesmutter verband adliges Patriarchat und bürgerliche Familienvorstellungen miteinander. Die Anpassungsfähigkeit der Monarchie an die Zeitumstände im bewegten 19. Jahrhundert wird am Beispiel der Wohlfahrtspflege abermals deutlich.

Zwischen Versorgung und Verwahrung

Zur Geschichte des ehemaligen Katharinenklosters in Rostock als Aufenthaltsort für geistig differente Menschen bis zur Mitte des 19. Jahrhunderts[*]

VON SOPHIE GROßE

Am 4. Januar 1802 wandte sich der Rostocker Buchdruckergeselle Wilhelm Hartlapp mit folgenden Worten hilfesuchend an den Rostocker Rat:

> *Unter dem großen Druck meines gegenwärtigen häuslichen Unglücks flehe ich um Stadtväterlichen Beistand nachstehender Maaßen. Vor nun schon vier Wochen verspührte ich bey meiner Ehefrau eine gewisse Geistesabwesenheit. Sie redete bald irre; bald verschloß sie ihre Seele, bis zum Stumpfsinn und Fühllosigkeit. Dan wieder ein urplötzliches Lachen und lautes, verstandloses Geschwätz.*
> *So die ersten 14 Tage hindurch. Nun ward sie wüthend. Sie bis und schlug um sich. [...]*
> *Nach meiner Pflicht habe ich die Hülfe eines erfahrenen Arztes, des Herrn Doct. Oerthling, sofort anzuwenden gesucht. Allein dieser Mann hat mir grade zu eröfnet: daß nur dann erst seine ärztlichen Behandlungen meiner unglücklichen Frauen von für die Wiederherstellung ihrer Gesundheit wohlthätigen Folgen sein könnte, wenn sie in einer gesicherten Verwahrung, als dies in meinem Hause möglich, könnte gebracht werden.*
> *Ich weiß keine sichere Aufbewahrung als im hiesigen Zucht- und Werkhause; und der Arzt meiner unglücklichen Ehefrau hält es für sehr zweckdienlich, wann in diesem eben genandten Hause dieselbe könnte in*

---

[*] Der Beitrag basiert auf einem beim Tag der Landesgeschichte 2014 gehaltenen Vortrag und stellt Teilergebnisse der laufenden Masterthesis der Verfasserin zum Thema „Der Umgang mit Verhaltensauffälligkeiten vor dem Hintergrund geistiger Differenz in Rostock zwischen 1720 und 1850" vor.

einem so genannten Kranken-Zimmer unter zweckmässiger Aufsicht ver-
pflegt werden und sie sodann seiner ferneren ärztlichen Behandlung da-
selbst überlassen würde.[1]

Am darauffolgenden Tag reichte der Supplikant beim Rat eine entsprechende
Stellungnahme des behandelnden Arztes nach und fügte hinzu, er habe bereits
mit den Vorstehern des Zucht- und Werkhauses über die Aufnahme seiner Frau
gesprochen. Nach deren Zustimmung fehle nun nur noch der Beschluss des Rates. Hartlapp könne aufgrund seines geringen Gehalts, welches er in der Adler-
schen Officin erhalte, und des mit hohen Schulden belasteten Hauses allerdings
nur 30 Taler jährlich für den Aufenthalt seiner Frau im Zuchthaus zahlen und
hoffe, mögliche Mehrkosten könnten aus milden Stiftungen beglichen werden.
Die Hinwendung zum Rat und die Bitte um Aufnahme im Zuchthaus stellte dabei für den Antragsteller die letzte Möglichkeit dar: Sechs Wochen zuvor er-
krankte seine 52-jährige Ehefrau Catharina Margaretha *am kalten Fieber*. Nach
ihrer Genesung zeigten sich erstmalig Anzeichen einer Geistesverwirrung. Sie
sprach *viele wunderliche Dinge [...] von vornehmen Leuten und vornehmen Din-*
gen, sodass Hartlapp als Ursache zunächst *Stolz und Armuth* vermutete. Ihr Zustand verschlimmerte sich in den folgenden Wochen eingangs beschriebener
Maßen, sodass er schließlich zwei Männer zu ihrer Bewachung einstellen
musste. Finanziell wäre ihm dies bei anhaltender Notwendigkeit allerdings nicht
länger möglich gewesen. Auch versuchte er, zunächst durch den Chirurgen
Fichtner, danach durch den praktischen Arzt Oerthling eine Heilung seiner Frau
herbeizuführen. Beide Versuche blieben bis zum Tag seiner Supplik erfolglos.
Oerthling stellte bei Aufnahme ins Zuchthaus allerdings eine Heilung in Aus-
sicht, da hiermit eine geordnete, *nöthigen fals mit gewalt* durchgeführte Verab-
reichung der angeordneten Medikamente sichergestellt werden könne. Am 8. Januar 1802 erging vom Rat per Dekret der Aufnahmebefehl für Catharina Hartlapp. Im Juni desselben Jahres wurde sie als *von ihrer Wahnsinnskrankheit ge-*
nesen wieder aus dem Zuchthaus entlassen.

　　　Dem hier kurz zusammengefassten Fall kommt nicht nur aufgrund seiner
guten Überlieferungsdichte eine besondere Stellung zu. Er kann gleichermaßen
beispielhaft für den Schwellenzustand stehen, in welchem sich die Gesellschaft
im frühen 19. Jahrhundert hinsichtlich der Frage des Umgangs mit geistig differenten Menschen befand. Man hegte zunehmend breiter angesetzte medizinische
Bestrebungen bezüglich einer Heilung der Betroffenen, ermangelte jedoch noch

---

[1] Archiv der Hansestadt Rostock (AHR) 1.1.3.16. Nr. 161 Einzelfälle von im Zucht- und
Werkhaus Einsitzenden, hier Schreiben von Wilhelm Hartlapp vom 04.01.1802. Die weiteren
Zitate entstammen den Folgeschreiben desselben Bestandes zu diesem Fall.

entsprechender Rahmenbedingungen: weder gab es geeignete Orte zur Behandlung noch speziell dafür ausgebildetes Personal; die psychiatrische Wissenschaft war gerade erst im Begriff, sich zu etablieren und sich in der Praxis ihren Platz zu erkämpfen, wie später noch am Beispiel Rostocks gezeigt wird.

Catharina Hartlapp befand sich damit gleichsam in einem Schwellenraum: Sie fand in einer ehemals als Straf- und Besserungsanstalt konzipierten Institution Aufnahme und erhielt damit auch die Möglichkeit zur Behandlung durch einen (nicht eigens dafür spezialisierten) Allgemeinmediziner. Ihr Zuchthausaufenthalt verweist bereits auf die weitere Entwicklung des Gebäudes hin zu einer Heil- und Pflegeanstalt für Geisteskranke. Nicht jeden der geistig differenten Insassen des Zuchthauses ereilte allerdings ein ähnlich positives Schicksal wie die Hartlappsche.

Im Folgenden soll eben diese Entwicklung des Rostocker Katharinenklosters vom ehemaligen Franziskanerkloster über ein Armen-, Waisen-, Zucht- und Werkhaus bis hin zum Betrieb der Irren- Heil- und Pflegeanstalt des 19. Jahrhunderts vorgestellt und als ein Teilaspekt des städtischen Umgangs mit geistig differenten Personen beleuchtet werden.

Wurde selbst in neueren Forschungen noch ein Desiderat in der Erforschung insbesondere der vormodernen mecklenburgischen und auch speziell Rostocker Armen- und Krankenversorgung moniert[2], so gilt dies in besonderem Maße für den hierin inbegriffenen Umgang mit geistig differenten, also sogenannten geisteskranken und geistig behinderten Personen. Neben einem möglichen Desinteresse der Forschung an diesen Fragen spielt nicht zuletzt auch die Aktenlage eine entscheidende Rolle: Bis ins späte Mittelalter finden sich entsprechende Personen nur vereinzelt und unsystematisch in den Akten wieder, etwa in Rechnungs-, Verwaltungs- und Rechtsschriftgut.[3] Erst mit den im Zuge der Neuordnung des Armenwesens im frühen 16. Jahrhundert, der Gründung verschiedener Institutionen wie Arbeits-, Zucht- und Werkhäusern vom 16. bis zum 18. Jahrhundert und schließlich der Entstehung einer gesonderten Irrenfürsorge im frühen 19. Jahrhundert entstandenen Quellenbeständen werden diese Personen in größerem Umfang überhaupt historisch greifbar. Davor sind es überwiegend Einzelfälle, die aufgrund besonderer Umstände erhalten und (mehr oder weniger umfangreich) dokumentiert sind. Ein Beispiel hierfür stellen die Geisteskrankheiten der beiden mecklenburgischen Herzöge Philipp (1514-1557) und

---

[2] Etwa STRAßENBURG, Jan: Das Rostocker Armeninstitut von 1803. Anspruch und Wirklichkeit, phil. Diss., Universität Rostock 2004, S. 46.

[3] SANDER, Antje: Dulle und Unsinnige. Irrenfürsorge in norddeutschen Städten des Spätmittelalters und der frühen Neuzeit. In: JOHANEK, Peter (Hrsg.): Städtisches Gesundheits- und Fürsorgewesen vor 1800. Köln u.a. 2000, S. 111–124, hier S. 112–113.

Johann VII. (1558-1592) dar.[4] In der Regel wurde das Gros der Betroffenen erst dann aktenkundig, wenn es zu einer Gefährdung der öffentlichen Ordnung kam, ein Schadensfall eintrat, widerstreitende Parteien auf den Plan traten oder eine bisher gesicherte Versorgung endgültig wegzubrechen drohte.[5] Erst wenn eine weitgehende Integration in den Alltag nicht mehr gelang, die Versorgung und gegebenenfalls auch (Sicherungs-)Verwahrung durch die Familie und das nähere Umfeld nicht mehr gewährleistet werden konnte oder es zu einem offenen Konflikt mit Recht und Ordnung kam, traten die Betroffenen gleichsam mit Erreichen der letzten Eskalationsstufe aus dem rein privaten in den öffentlich-kommunalen bzw. staatlichen Bereich über und fanden somit auch Eingang in zum Teil bis heute überlieferte Akten.[6] Abgebildet werden in diesen in einem institutionellen Rahmen entstandenen Quellen dann aber zumeist top-down-Beziehungen (Arzt-Patient/Kranker bzw. Vorsteher-Insasse) oder entsprechend zielgerichtet ausformulierte und strukturierte Anliegen (Aufnahmebittschriften durch Angehörige oder Vormünder).[7] Alltagsquellen oder solche, in denen betroffene Personen selbst zu Wort kommen und die in größerem Umfang patientenorientierte Fragestellungen von unten ermöglichen, sind dagegen selten.[8] Der

---

[4] Vgl. SPENGLER, Ludwig: Die Geisteskrankheit des Herzogs Philipp von Mecklenburg. Ein Beitrag zur Geschichte der Psychiatrie im 16. Jahrhundert. Neuwied 1863; MIDELFORT, Erik: Verrückte Hoheit. Wahn und Kummer in deutschen Herrscherhäusern. Stuttgart 1996, S. 73-78; HÜTTEN, Jan-Hendrik: Johann VII. Herzog zu Mecklenburg (1558-1592). *Ein Schefflein, das verirret war, vnd Gott lob wider funden ist* – Selbsttötung und christliches Sterben eines Landesherrn. In: Leben in Leichenpredigten 05/2013, hrsg. von der Forschungsstelle für Personalschriften, Marburg, Online-Ausgabe: <http://www.personalschriften.de/leichenpredigten/artikelserien/ artikelansicht/details/herzog-johann-vii-zu-mecklenburg-1558-1592.html> (Stand: 03.05.2014).

[5] SANDER (wie Anm. 3), S. 113. Beispiele für Letztgenanntes bieten etwa die Spruchakten der juristischen Fakultät der Universität Rostock, in denen auch über Vermögens- und Nachlassangelegenheiten geistig differente Personen betreffend Recht gesprochen wurde. Universitätsarchiv Rostock (UAR), 2.02.2 Nr. 0631.086, 2241.020, 2261.041.

[6] Vgl. hierzu SAHMLAND, Irmtraut: Geistige Behinderung und Geisteskrankheit – Coping im Dorf des 18. Jahrhunderts. In: Schriftenreihe der Deutschen Gesellschaft für Geschichte der Nervenheilkunde, 17, 2011, S. 79-109.

[7] Vgl. zum Quellenwert der Letztgenannten: VANJA, Christina: Supplikationen als Quelle der Patientengeschichte. In: FRIEDRICH Arnd / SAHMLAND, Irmtraut / VANJA, Christina (Hrsg.): An der Wende zur Moderne. Die hessischen Hohen Hospitäler im 18. und 19. Jahrhundert. Petersberg 2008, S. 163-172.

[8] Vgl. zu dieser Problematik AMHAUSEND, Astrid: „Chaos" und „unendliche Verhandlungen". Die Gründungsphase des Rostocker Stadtkrankenhauses 1794-1865. Rostock 2003, S. 113-121.

institutionelle Umgang mit geistig differenten Personen ist zwar der am besten dokumentierte, spiegelt gleichsam aber nur einen geringen Teil ihrer Lebenswirklichkeit wider.[9]

Einrichtungen der Armen- und (Geistes)Krankenfürsorge im spätmittelalterlichen und frühneuzeitlichen Rostock

Obwohl frühe Quellenbelege nur spärlich vorhanden sind, lässt sich bei einer Reihe von kirchlichen wie auch städtischen Einrichtungen trotz fehlender expliziter Nachweise über eine Aufnahme und ggf. Behandlung von geistig differenten Menschen eine solche zumindest vermuten. Der früheste Hinweis ist hierbei eine Passage aus dem Gründungsprivileg des nahe der Marienkirche gelegenen Heilig-Geist-Hospitals. Nach 1252 erbaut, brannte es 1265 bereits ab und wurde erst nach intensiven Verhandlungen wiedererrichtet. Bezugnehmend auf die Gründung heißt es in einem dieser Briefe, die Kirche wäre durch guter Leute Almosen *dem Hilligen Geiste tho Ehren, unde för den armen, krancken un schwacken Lüden* erbaut.[10] Das Hospital selbst diente als Gast- und Siechenhaus für fremde Arme, diese wurden von den ebenfalls im Hause wohnenden Brüdern und Schwestern zum Heiligen Geist beherbergt und gespeist. Ebenso kann bei den drei ebenfalls im 13. Jahrhundert gegründeten Klöstern Rostocks, St. Katharinen, St. Johannis und Heilig Kreuz, angenommen werden, dass diese sich aus dem mittelalterlichen Caritas-Gedanken heraus auch um geistig differente Bedürftige gekümmert haben. Daneben gehörten drei weitere Hospitäler zum Rostocker Stadtgebiet: das 1266 ersterwähnte Hospital St. Georg, das 1468 gegründete Hospital St. Gertrud und das Ende des 15. Jahrhunderts gegründete und 1522 ersterwähnte St. Lazarus-Hospital. Bei St. Lazarus und St. Georg handelte es sich um medizinische Sondereinrichtungen. Als Leprosium lag das St. Georg-Hospital außerhalb der Stadtmauern vor dem Steintor, wurde während des 30-jährigen Krieges 1631 niedergebrannt, zwei Jahrzehnte später aber mit einigen Präbenerwohnungen wiederaufgebaut. Neben einer eigenen Kapelle gehörte

---

[9] Vgl. auch DROSS, Fritz: „...die Gemüse könnten füglich irgendwo anders gereinigt werden" – Beobachtungen zur Geschichte der Anstalt als Irren- und als Krankenhaus. In: FANGERAU, Heiner / NOLTE, Karen (Hrsg.): „Moderne" Anstaltspsychiatrie im 19. und 20. Jahrhundert – Legitimation und Kritik. Stuttgart 2006, S. 43-65, hier S. 45.

[10] Zit. nach STRAßENBURG (wie Anm. 2), S. 47. Die folgenden Ausführungen nach ebenda, S. 46-52; KRÜGER, Kersten / SCHÖN, Heiko: Policey und Armenfürsorge in Rostock in der frühen Neuzeit. In: MANGELSDORF, Günter / BUCHHOLZ, Werner (Hrsg.): Land am Meer. Pommern im Spiegel seiner Geschichte. Köln 1995, S. 537-559, insb. S. 539-542.

auch ein bis 1677 am Burgwall befindliches, nach dem Stadtbrand in die Lager-
straße verlegtes Armenhaus innerhalb der Stadtmauern dazu, welches 15 bis 16
Personen beiderlei Geschlechts freie Wohnung und jährlich eine geringe finanzielle Unterstützung bot. Eine ähnliche Größe wies mit 17 Betten das St. Ger-
trud-Hospital auf. Es fand als Gasthaus für arme Elende und Pilger in einem aus
den Hinterlassenschaften des verstorbenen Bernd Burmester angekauften Haus
in der Kröpeliner Straße Platz. Das am Heringstor nahe dem Katharinenkloster
gelegene St. Lazarus-Hospital, auch Lazarett genannt, entstand vermutlich gegen Ende des 15. Jahrhunderts anlässlich einer Seuche als Pockenhaus. Schon
im Jahr 1802/03 wusste man dabei über die Stiftung und ursprüngliche Einrichtung des mittlerweile 14 Präbenern Wohnung bietenden Lazaretts nichts Ge-
naues mehr zu berichten, da alle diesbezüglichen Akten – ebenso wie die meisten
anderen, die in der Altstadt gelegenen Gebäude betreffenden Unterlagen – im
großen Stadtbrand von 1677 vernichtet wurden.[11] Dasselbe gilt für die Belegung
der Gebäude: Wie viele Menschen konkret in den Hospitälern Aufnahme fanden,
wie die Lebensumstände waren und ob und in welchem Umfang auch geistig
different Personen aufgenommen und verpflegt wurden, kann durch die großen
Aktenverluste nicht gesagt werden. Die darüber hinaus erhaltenen Bestände des
Archivs der Hansestadt Rostock (Rechnungs- und Protokollbücher, Finanz- und
Verwaltungsunterlagen der Armen- und Wohlfahrtsbehörden) sind derzeit in
Bearbeitung und aktuell noch nicht zur Benutzung freigegeben, könnten hierüber in Zukunft aber Auskunft geben.[12] Hervorzuheben bleibt, dass es sich bei
den Rostocker Hospitälern durchweg um weltliche Stiftungen handelte, die mit
Billigung des Landesherren und des Schweriner Bischofs vom Rat der Stadt
selbst gegründet bzw. aus testamentarischen Hinterlassenschaften gestiftet wurden. Der Rat übte das Patronatsrecht aus, Vorsteher der Hospitäler waren zumeist Älteste eines bestimmten Handwerks.[13] Auch entschied der Rat über die
Aufnahme in die Hospitäler.[14]

Nicht nur das Lazarett, auch die Hospitäler St. Georg und Hl. Geist wan-
delten sich von karitativen Anstalten der Armenversorgung hin zu solchen, die
auch und vor allem der Altenversorgung dienten. Nach und nach wurde möglich,

---

[11] Vgl. hierzu STRAßENBURG (wie Anm. 2), S. 49.

[12] AHR 1.1.19. Armen- und Wohlfahrtsbehörden, Stand März 2015, dank freundlicher Auskunft Dr. Karsten Schröder, AHR.

[13] KRÜGER / SCHÖN (wie Anm. 10), hier S. 540.

[14] VIRCHOW, Rudolf: Zur Geschichte des Aussatzes und der Spitäler, besonders in Deutschland. In: Archiv für pathologische Anatomie und Physiologie und für klinische Medicin, 20
(1861), S. 459-512, hier S. 494.

sich in das Hospital einzukaufen und dort die letzten Lebensjahre versorgt zu verbringen.[15] Für das Hospital Hl. Geist belegt diese Praxis bereits ein von Rudolf Virchow zitiertes Rezeptionsbuch des Zeitraumes 1279-1299. Aus Lebensmittelabrechnungen des Jahres 1482 folgerte er zudem, dass das Siechenhaus den weitaus geringeren Teil dieses Hospitals ausmachte. Im Jahr 1537 werde sogar erklärt, *dass die Nutzungen in beiden Hospitalien S. Jürgens* [= St. Georg, Anm. d. V.] *und h. Geist zu nichts Anderem gebraucht würden, als um verarmtem Adel, Bürgern und anderen Leuten, ,so sich um ein ziemliches darin kaufen mögen', Unterhalt zu gewähren.*[16] Der Aspekt der eigentlichen Armenfürsorge war demnach in den Hintergrund getreten.

Ein direkter Hinweis auf den Umgang mit geistig differenten Menschen findet sich für Rostock in einem gänzlich anderen Bereich: Wie auch in anderen Städten üblich, ist für Rostock seit dem 14. Jahrhundert eine sogenannte Thorenkiste belegt. Sie befand sich am Ramsberg (auch Ramme(l)sberg, heute Hinter der Mauer) beim Steintor und diente zur Bewahrung von gefährlichen Geisteskranken. 1355 findet sich in den Kämmereirechnungen in Rostock erstmals der Hinweis auf eine solche *cista fatuorum*, Ende der 1440er Jahre ist dann von der *dordenkisten* die Rede.[17] 1474 scheint diese Kiste nicht mehr vorhanden gewesen zu sein,[18] wurde zu einem späteren Zeitpunkt jedoch möglicherweise wiederhergestellt. So bestimmte der Rat 1700, den Tollkasten am Steintor wieder zu reparieren, damit er einen irrsinnigen Menschen aus Schweden aufnehmen könne, sollte die medikamentöse Behandlung nicht anschlagen.[19] Obwohl die Thorenkiste einer gefängnisartigen Behausung glich, wird es sich dabei nicht um

---

[15] KRÜGER / SCHÖN (wie Anm. 10), S. 555.

[16] VIRCHOW (wie Anm. 14), S. 491-493, 495-496.

[17] AHRENS, Robert: Die Wohlfahrtspolitik des Rostocker Rats. In: Beiträge zur Geschichte der Stadt Rostock, 15 (1927), S. 1-48, hier S. 47, FN 236, FN 237.

[18] Ein von Karl Koppmann zitierter Eintrag im Hausbuch gibt hierüber Aufschluss: *1474: Notandum quod domini Hinricus Molre, Conradus Kone, camerarii, Gherardus Bokholt et Gherardus Turkowe, domini vinorum, de jussu et voluntate tocius consulatus vendiderunt Hermanno Gherdes fabro* **zodane rum vor dem stendore up dem rammesberghe** *inter bodas ejusdem Hermanni et valvam lapideam sitam,* **dar in voretyden de dorde kisten plach to stande,** *quod, sicut civitati fuerat, sibi resignarunt et totaliter dimiserunt, warandiam promittendo.* K[OPPMANN], K[arl]: Kleinere Mittheilungen und Notizen : 4. Thorenkiste. In: Beiträge zur Geschichte der Stadt Rostock, 1 (1895), S. 87-88, hier S. 88. Vgl. AHR 1.1.3.1. Nr. 44 Hausbuch 1456-1500, fol. 85, Hervorhebung durch die Verfasserin.

[19] FISCHER, Johannes: Zur Geschichte des mecklenburgischen Irrenwesens. In: Allgemeine Zeitschrift für Psychiatrie und psychisch-gerichtliche Medicin, 95 (1931), S. 1-13, hier S. 1.

eine Art Käfig gehandelt haben, wie Robert Ahrens annahm.[20] Stattdessen ließe, so Antje Sander, der in städtischen Rechnungen nachgewiesene Gebrauch von Backsteinmauerwerk und Dachziegeln auf ein abgeschlossenes Gebäude oder zumindest einen befestigten Raum schließen.[21] Der genaue Standort lässt sich heute nicht mehr rekonstruieren. Die Lage am Ramsberg bedingte sich vermutlich gleich derer der sogenannten Block-Häuser: Zum einen war es üblich, dass die Insassen solcher Kisten ihren Unterhalt selbst bestritten, insbesondere durch Betteln bzw. durch den Empfang milder Gaben Vorbeireisender durch hierfür angebrachte Klappen bzw. Öffnungen im Raum, durch welche Büchsen gelassen werden konnten.[22] Hierfür war die Lage an einem der meistpassierten Haupttore besonders geeignet. Andererseits reihte sich die Unterbringung gefährlicher Geisteskranker am Ramsberg in diejenige anderer sozial gemissbilligter Randgruppen ein. Die Gegend um den auf dem Ramsberg zwischen Steintor und Kuhtor gelegenen Lagebuschturm nannte man im 15. Jahrhundert auch Hurenwinkel.[23] Der durch seine Lage auch als Huren-Turm bezeichnete Lagebuschturm diente als Gefängnis auch für höher gestellte Personen.[24]

Vom Franziskanerkloster des 13. Jahrhunderts zur Einrichtung eines Armen- und Waisenhauses in nachreformatorischer Zeit

Die bedeutendste Institution Rostocks, welche sich geistig differenter Personen annahm, war das ehemalige Franziskanerkloster St. Katharinen. In der ersten Hälfte des 13. Jahrhunderts siedelten die ersten Franziskaner nach Rostock über. Die ersten Brüder stammten möglicherweise, historisch jedoch nicht nachweis-

---

[20] AHRENS (wie Anm. 17), S. 47.

[21] SANDER (wie Anm. 3), S. 119.

[22] Gelehrte und andere nutzbare Sachen [Von der Beschaffenheit und den Absichten eines Block-Hauses]. In: Mecklenburgische Nachrichten/Fragen und Anzeigen, 01.11.1749; vgl. zu Mecklenburg GRAF, Irma: Die Entwicklung der Psychiatrie in Mecklenburg-Schwerin von den Anfängen bis zur Gegenwart in Abhängigkeit von den gesellschaftlichen Verhältnissen, med. Diss., Universität Berlin 1980, S. 11-12.

[23] MÜNCH, Ernst / MULSOW, Ralf: Das alte Rostock und seine Straßen (1254/56-1804). 2. Aufl. Rostock 2010, S. 127.

[24] So weiß Hans Heinrich Klüver für das Jahr 1487 von der mehrmonatigen Inhaftierung des ehemaligen fürstlichen Kanzlers Henricus Bentzien im Lagebuschturm zu berichten. KLÜVERN, Hans Heinrich: Beschreibung des Hertzogthums Mecklenburg und dazu gehöriger Länder. Zweyter Theil. Hamburg 1738, S. 415-416.

bar, aus dem Lübecker Katharinenkonvent. Die urkundliche Ersterwähnung datiert in das Jahr 1243, bezeugt allerdings schon eine bestehende Konventsorganisation, sodass die Erstankunft der Brüder selbst früher anzunehmen ist.[25] Aufgrund der engen Verbindung zwischen dem seit 1240 in Urkunden aufgeführten Guardian Eylardus und dem Landesherren kann eine Ansiedlung der Franziskaner durch die Rostocker Linie des obodritischen Fürstenhauses angenommen werden; direkte Belege für die Stiftung finden sich allerdings keine.[26]

Ab 1234 lässt sich archäologisch die Bebauung des Klostergeländes nachweisen.[27] Die Lage des Konvents fiel verkehrstechnisch günstig aus: Das Kloster wurde am nordwestlichen Rand des ältesten Siedlungskerns der Stadt in unmittelbarer Nähe zur Stadtmauer erbaut und wies damit eine gleichermaßen günstige Anbindung zum Stadthafen wie auch zum Altstadtmarkt auf. Gleichzeitig handelte es sich durch die niedrige Lage aber auch um ein extrem siedlungsungünstiges Gelände, das vor allem aus vermoorten Flächen im Überschwemmungsbereich der Warnow bestand und zunächst Aufhöhungsschichten vor der Besiedlung notwendig machte.[28] Bereits mit Eylardus' Fortgang nahm der Einfluss der Franziskaner in der Stadt wieder spürbar ab, politisch wie gesellschaftlich spielte der Konvent in der Folgezeit keine große Rolle mehr.[29] Untersuchungen, ob und in welchem Maße die Brüder an der Armenversorgung beteiligt waren und in welchem Verhältnis sie zu den anderen Gründungen des 13. Jahrhunderts standen, fehlen bisher.

---

[25] ULPTS, Ingo: Die Bettelorden in Mecklenburg. Ein Beitrag zur Geschichte der Franziskaner, Klarissen, Dominikaner und Augustiner-Eremiten im Mittelalter. Werl 1995, S. 43.

[26] MULSOW, Ralf: Forschungsstand zu den monastischen Einrichtungen in der Hansestadt Rostock, in: Klöster und monastische Kultur in Hansestädten, hrsg. v. Kulturhistorisches Museum Stralsund, Rahden 2003, S. 81-90, S. 81; SCHÄFER, Heiko: Das archäologische und bauhistorische Forschungsprojekt Katharinenkloster zu Rostock. In: FEHRING, Günter u.a. (Hrsg.): Archäologie des Mittelalters und Bauforschung im Hanseraum. Rostock 1993, S. 347-352, hier S. 349.

[27] SCHÄFER (wie Anm. 26), S. 350. Zwischen 1991 und 2000 fanden erste archäologische Untersuchungen des Katharinenklosters statt, welche Vorläufer eines letztlich nicht zustande gekommenen größeren Forschungsprojektes sein sollten. Zu den Grabungen wurden nur Vorberichte und Teilaspekte publiziert. Vgl. MULSOW (wie Anm. 26); SCHÄFER, Heiko: Der Fußboden der Rostocker Katharinenkirche aus dem Jahre 1677. In: Mecklenburgische Jahrbücher, 111 (1996), S. 183-190. Nach einer umfassenden Sanierung beherbergt die Klosteranlage seit 2000 die Hochschule für Musik und Theater Rostock. Vgl. Glücksmomente. Zur Einweihung des neuen Hauses der Hochschule für Musik und Theater Rostock, hrsg. v. Wilfrid JOCHIMS, Rostock 2001.

[28] MULSOW (wie Anm. 26), S. 81.

[29] ULPTS (wie Anm. 25), S. 43; MULSOW (wie Anm. 26), S. 81.

Im Zuge der Reformation ereilte das Katharinenkloster dasselbe Schicksal wie zahlreiche andere katholische Einrichtungen: Es wurde aufgelöst und einer neuen Bestimmung zugeführt. Bereits drei Jahre nach der Einführung der Reformation in Rostock gingen Grundstück und Klostergebäude 1534 dauerhaft in städtischen Besitz über.[30] Die verhältnismäßig große Anlage wurde in ein von der Stadt verwaltetes Armenhaus umgewandelt.[31] Die gesamte Verwaltung des Armenhauses, bestehend aus zwei Vorstehern, welche aus dem Rat gewählt wurden, einem Prediger und Diakonen, musste der Aufnahme der Armen zustimmen. Zusätzlich hatte eine Befragung des Aufzunehmenden durch mindestens einen Diakon und den Prediger des Kirchspiels, welchem der Rezipient angehörte, zu erfolgen. Die Formulierung *so schal men den Armen krancken nicht in der nodt laten liggen / sonder em gerne helpen*[32] kann dabei wiederum auch auf geistig differente Bedürftige verweisen – konkreter äußert sich die Ordnung hierzu nicht.

Neunzig Jahre nach seiner Eröffnung wurde das Armenhaus von Bürgerschaft und Rat in ein Haus für arme Waisenkinder umgewandelt. Zur Erstbesetzung kamen dort aus den vier Kirchspielen insgesamt 52 Kinder unter,[33] neben Waisen auch solche, deren Eltern sie nicht angemessen versorgen konnten. Die im Armenhaus befindlichen Insassen wurden soweit möglich auf die anderen Armenhäuser der Stadt aufgeteilt, einige verblieben aus Kapazitätsgründen vorerst weiterhin im ehemaligen Katharinenkloster.[34]

---

[30] SCHÄFER (wie Anm. 26), S. 347.

[31] Die erste Armenhausordnung wurde bisher nicht gefunden. Die älteste erhaltene Ordnung stammt aus dem Jahr 1563 und verweist als *Wedderumme vornyet und beuestiget* auf eine frühere Ordnung. FRESE, J. / PAPENDICK, H.: Christlyke tucht und ordeninge in dem Armen huse des Closters tho S. Catharinen. Rostock 1563 (Mecklenburgische Landesbibliothek Schwerin, Signatur Mkl j IV 2175).

[32] FRESE / PAPENDICK (wie Anm. 31), Art. 6.

[33] KRÜGER / SCHÖN (wie Anm. 10), S. 541.

[34] STRAßENBURG (wie Anm. 2), S. 51.

Abbildung 1
Das Franziskanerkloster St. Katharinen in Rostock
Rekonstruktionsversuch, Vogelschaubild von Südost, A. F. Lorenz 1940
(AHR 3.4. 5.1.031-24)

Auch die entsprechende Verordnung von 1624 spricht von der *Waysen vnd Armen Ordnung*, sodass angenommen werden kann, dass dort fortwährend auch Arme Aufnahme fanden.[35] Ein vermutlich von Vicke Schorler verfasstes Schreiben mit dem Titel *Nottwendige Erinnerungs puncten, dem weisenhause belangend* äußert sich dabei im ersten von insgesamt elf an die Bürgermeister gerichteten Punkten kritisch über das Vorhandensein von geistig differenten Personen im Armenhaus und den Konsequenzen für das Waisenhaus: *Das die Alten Armen leutte mussen abgeschaffett, vnd sonderlich die besessene, den sich die kinder sehr vber ihre kranckheitt erschrecken, darzu von ihnen grosse geferligkeit von fewers halben zu vormuchten.*[36] Von geistig differenten Personen im Waisen- und Armenhaus ging demnach einerseits eine Gefahr für das Gebäude selbst und damit auch für Leib und Leben der Anwesenden aus, andererseits behinderte es die Erziehung der Kinder und störte die allgemeine Ordnung des Hauses. Die Wahrnehmung einer Hilfsbedürftigkeit dieser Menschen beschränkte sich hier auf eine eingeschränkte Fähigkeit zur eigenständigen Versorgung. Im direkten Vergleich der verschiedenen Hilfebedürftigen wurde den Geisteskranken ein geringerer Wert beigemessen – sicher auch aufgrund ihrer eingeschränkten Leistungsfähigkeit. Sie sollten das Armenhaus zugunsten der Waisenkinder verlassen.

Der Stadtbrand von 1677 zerstörte auch das Katharinenkloster samt der zugehörigen Kirche. Zwar bestand der Plan, den Betrieb des Waisenhauses fortzuführen, Gelder für den Wiederaufbau waren allerdings nicht vorhanden. Erst mit Kollekten aus *anderen Ländern und Städten*, wie es zwei Jahre nach dem Brand heißt, konnte mit dem Wiederaufbau von St. Katharinen, vom Lazarett und vom Bröcker-Armenhaus begonnen werden. Von der Katharinenkirche wurde allerdings nur der ehemalige Chor wieder zu einer Kirche hergerichtet. Obwohl Teile des ehemaligen Klostergeländes zunächst nicht wiedererrichtet

---

[35] AHR 1.1.3.0. Nr. 24/9, [Einrichtung eines Waisen- und Armenhauses, 27. März 1624].

[36] AHR 1.1.3.16. Nr. 8, Einrichtung und Ordnung des Waisenhauses in St. Katharinen und Versorgung der Armen, hier *Nottwendige Erinnerungs puncten, dem weisenhause belangend* [1623].

wurden, beherbergte das Kloster bereits zwei Jahre nach der beinahe vollständigen Zerstörung wieder 42 Kinder.[37] Das Waisenhaus bestand bis zu seiner Umwandlung in eine Lehr- und Industrieschule im Jahr 1803.[38]

Das Zucht- und Werkhaus

Im Jahr 1710 überlegte man Johannes Fischer zufolge, einige Stadtbuden auf dem Alten Markt zusammenzuziehen und so einzurichten, dass dort im Bedarfsfall wenige wahnsinnige Menschen verwahrt werden könnten.[39] Belege für die Umsetzung dieser Idee finden sich nicht. Stattdessen beschlossen Rat und Bürgerschaft vierzehn Jahre später auf Anregung des Bürgermeisters Gabriel Möller die Einrichtung eines Zucht- und Werkhauses, welches unter anderem ebenjenem Zweck dienen sollte. Der Bau eines solchen Gebäudes wurde durch eine Hauskollekte und Lotterien finanziert. Als geeigneten Ort für ein solches Zuchthaus befand man das ehemalige Katharinenkloster. Das Waisenhaus böte genügend Platz, ein Teil des Gebäudes könne zu einem Zuchthaus umgewandelt werden. Das Zuchthaus bezog daraufhin den östlichen Flügel und Geländeteil des ehemaligen Katharinenklosters, während dem Waisenhaus die größere westliche Hälfte verblieb. Der Baubeginn 1728 gilt zugleich als Gründungsjahr. Von der offiziellen Fertigstellung zeugte der mit dem Datum vom 5. April 1734 unterzeichnete Spruch über der Eingangspforte, von dem der Kirchenhistoriker Georg Niehenck 1767 berichtet: *Ihr Bösen bessert euch, sonst schleust an diesem Orte / Sich auf, und euch mit ein, die Zucht- und Werkhauspforte.*[40]

---

[37] AHR 1.1.3.16. Nr. 135 Bericht über das Kloster St. Katharinen und seine nachreformatorische Entwicklung als Armen- und Waisenhaus bis zum Stadtbrand 1677.

[38] SCHNITZLER, Elisabeth: Zur Geschichte von St. Katharinen. In: Glücksmomente. Zur Einweihung des neuen Hauses der Hochschule für Musik und Theater Rostock, hrsg. v. Wilfrid JOCHIMS. Rostock 2001, S. 129-140, hier S. 136.

[39] FISCHER (wie Anm. 19), S. 1.

[40] NIEHENCK, Georg V. H.: Zuverlässige Nachrichten von der Stiftung und Einrichtung des Rostockschen Zucht- und Werk-Hauses. In: Gemeinnützige Aufsätze aus den Wissenschaften für alle Stände, zu den Rostockschen Nachrichten, 45.-49. Stück, 11.11.1767-09.12.1767, S. 170-198, hier S. 187.

Abbildung 2
Ostflügel des Katharinenklosters, ehemaliges Zuchthaus
Blick von Norden, Zustand 2014 (Foto: Sophie Große)

Das Rostocker Zucht- und Werkhaus war eine klassische multifunktionale Institution seiner Zeit. Es umfasste Aspekte von Korrektions-, Straf- und Bewahranstalten, wurde, wie im Eingangsfall, aber auch in einem gewissen Maße zu Heilzwecken eingesetzt.[41] Eine zum Zeitpunkt der Gründung erlassene Zuchthausordnung ist nicht überliefert.[42] Die Rostocker Polizeiordnung von

---

[41] Die Verbindung von Waisen-, Armen- Zucht- und Irrenhäusern war nicht nur im Alten Reich sehr gängig, vgl. für Beispiele: Artikel *Tollhaus*, in: Oeconomische Encyclopaedie oder Allgemeines System der Land-, Haus- und Staats-Wirthschaft, aus dem Franzoes. uebersetzt und mit Anmerkungen und Zusaetzen vermehrt ... von Georg KRUENITZ, Bd. 158. Berlin 1833, Sp. 594-624, insb. S. 613-614.

[42] Es finden sich weder im AHR noch im Landeshauptarchiv Schwerin Hinweise auf eine solche Ordnung, auch berichtet Niehenck von keiner. Stattdessen ist noch im April 1781 von der *Nothwendigkeit zur Formierung einer Local-Zucht-Haus-Ordnung* die Rede, möglicherweise wurde also tatsächlich nie eine entsprechende Ordnung aufgesetzt. Vgl. AHR 1.1.1. Nr.

1757 formulierte als Zweck der Gründung zwei Jahrzehnte später: *Das Zucht= und Werkhauß ist eine Stiftung zur Bestrafung der Bösen, zur Säuberung der Stadt, von liederlichen starken Müßiggängern, und zur Verwahrung der Unsinnigen beyderley Geschlechts.*[43] Es richtete sich demnach – in der Theorie – gleichermaßen an drei Personengruppen: Zum einen galt es als ein probates Mittel zur Korrektion sozial unerwünschten Verhaltens (*Werkhaus*) und erfüllte damit vor allem policeyliche Zwecke zum Erhalt der guten Ordnung. *[D]en bösen Lüsten [würden] Zaum und Zügel angelegt,* so Niehenck 1767, *und die Menschen fänden durch Arbeit und Predigt Zeit und Müsse den vorigen verderbten Wandel recht zu überdenken.*[44] Daneben übernahm das Zuchthaus im Zuge der sich verändernden Strafauffassung – weg von vergeltenden Körper- und Todesstrafen hin zu zur Besserung ausgesetzten Freiheits- und damit verbundenen Arbeitsstrafen – wesentliche Aufgaben einer Strafanstalt. Als drittes wandte sich das Zucht- und Werkhaus auch an geistig differente Menschen.[45] Der Fokus lag hier zunächst klar auf der Sicherungsverwahrung jener Personen, welche durch ihre abweichende Geistesverfassung potenziell oder real sich selbst oder – von größerer Bedeutung – der Allgemeinheit Schaden zufügen konnten. Niehenck äußerte diesbezüglich:

O wie brauchbar sind diese Gebäude! Ihres Verstandes beraubte, von welchen man befürchten muß, daß sie sich oder anderen Leyd zufügen mögten, können unwidersprechlich nicht besser, als in solchen Häusern aufbehalten werden, hie hat man wohlverwahrte Behältnisse für sie, hie sind Leute, welche Muth und Dreistigkeit, Stärke und Kräfte genug haben mit ihnen so lange umzugehen und eben so lange das Benöthigte zu reichen, bis etwa ihr Zustand sich verbessert, oder auch der Tod sie von allem Uebel erlöset.[46]

1544 Missstände und Verfall des Zucht- und Werkhauses, hier Schreiben vom 28.04.1781; ebenso Schreiben vom 02.07.1781 ebenda.

[43] E. E. Raths der Stadt Rostock erneuerte und verbesserte Policey-Ordnung. Rostock 1757 (Universitätsbibliothek Rostock, Signatur LB G 6), Tit. VII, Art. I.

[44] NIEHENCK (wie Anm. 40), S. 183.

[45] In Strelitz wurde auch diese Zielgruppe in der Gebäudebezeichnung erfasst: Landes- Arbeits- auch Zucht- und Irrenhaus. Vgl. SERGER, [Theodor Karl Friedrich]: Die Landesirrenanstalt bei Strelitz (Alt). In: Allgemeine Zeitschrift für Psychiatrie und psychisch-gerichtliche Medicin, 60 (1903), S. 145-176, hier S. 145.

[46] NIEHENCK (wie Anm. 40), S. 183-184.

Obwohl von Anfang an für diese drei Personengruppen gedacht, gestaltete sich die Zusammensetzung der Zuchthausinsassen in den ersten Jahren nach der Gründung sehr unterschiedlich.[47] Im ersten Jahrzehnt erfolgten rund 80 Aufnahmen, jeweils etwa zur Hälfte bestehend aus männlichen und weiblichen Personen, von denen bereits ein erheblicher Anteil stadtfremd war. Überwiegend wurde die Aufnahme der Insassen dabei durch Supplikation von Angehörigen (zumeist dem Ehepartner) veranlasst; sofern ein Grund angegeben wurde, häufig aufgrund eines schlechten Lebenswandels, Ungehorsams oder schändlicher Reden. Nur in vereinzelten Fällen kam es zu einer gerichtlich verordneten Überweisung wegen begangener Straftaten, insbesondere wegen Diebstahls. In einigen Fällen scheint das Zucht- und Werkhaus zudem auch Funktionen eines Armen- beziehungsweise Arbeitshauses erfüllt zu haben, indem es einzelnen Personen Wohnung und die Möglichkeit zur eigenständigen Versorgung durch eine geregelte Arbeit gab, welche sich anderweitig nicht hätten versorgen können. Daneben finden sich in den ersten fünfzehn Jahren lediglich fünf Personen, welche nachweislich aufgrund eines abweichenden Gemütszustandes zeitweise dem Zuchthaus übergeben wurden (vernunftlos, verrückt, im Haupt verwirrt), und zwei weitere, bei welchen die Beschreibung des Zuchthausaufenthalts als *zur Pflege recipiert* die Möglichkeit eines solchen nahelegt.

Das Rostocker Zuchthaus war damit zunächst keine primär von der städtischen Obrigkeit proaktiv genutzte Institution der Sicherungsverwahrung und/oder Erziehung der Bevölkerung. Der Anteil derjenigen, welche durch ein Gericht oder eine andere rechtsprechende Institution (beispielsweise eine Juristenfakultät) zum Zuchthaus verurteilt wurden, blieb gering. Stattdessen ging die Initiative in der Regel von Seiten der betroffenen Bevölkerung aus, welche damit selbst regulierend in die Aufrechterhaltung der *guten Ordnung* innerhalb ihres direkten Umfeldes eingriff. Bei den gemütskranken Insassen konnte die Initiative zur Aufnahme zudem auch von Dritten, von einer professionellen, außenstehenden Partei ausgehen.

Die Umstände der ersten Aufnahmen geistig differenter Personen lassen sich lediglich in einem Fall näher rekonstruieren – und dieser Fall sticht aus verschiedenen Gründen heraus. Am 19. Mai 1741 erging der Beschluss zur Rezeption der elfjährigen Catharina Engel, Tochter des verstorbenen Johann Barsch. Sie sollte gemeinsam mit ihrer Mutter *zu beßer Erlangung ihrer Gesundheit* ins Zuchthaus aufgenommen werden.[48] Die entsprechende Parallelüberlieferung in

---

[47] Im Folgenden Bezug auf AHR 1.1.3.16. Nr. 142 Aufstellung über im Zucht- und Werkhaus Eingelieferte.

[48] AHR 1.1.3.16. Nr. 142, hier Listennummer 85 und 86.

Form eines Schreibens des Gerichtssekretärs Weiss[49] schildert die Gründe, welche zur Aufnahme führten. Nachdem Catharina in der Schule von der Enkelin der Drühlschen ein Butterbrot gegessen hatte, welches *aber gantz bitter geschmecket*, zeigte sie erste Symptome. Sie habe sich elend krank gefühlt. Es

> *hätte sich auff der Straße erstl. der drühlschen Positur ihr praesentiret, nachhero wäre jemand hinter ihr gekommen, der sie um den Halß gefaßet, als wenn er sie würgen wollen und endl. wäre ihr der Teüffel in Gestalt eines schwartzen Mannes mit einem Kopff als ein Sieben Hand groß erschienen, welcher sie eine Zeit lang auffgehalten, daß sie nicht von der Stelle kommen können, biß endl. derselbe wieder gewichen.*[50]

In den folgenden Tagen habe das Mädchen sich *elend krank und gleichsam besessen* gegeben, halluziniert, zuweilen gerast und *im Schlage gelegen.* Auch habe sie, *wann aber der Paroxismus vorbey gewesen, erzehlet, wie sie im Himmel gewesen und mit denen Engeln gesungen.* Keine drei Wochen nach dem Aufnahmeerlass erging hingegen der Beschluss, die Vorsteher des Zuchthauses hätten *der Barsen anzubefehlen, daß Sie sich entweder aus dem Zuchthause, auch zugleich aus der Stadt völlig weg zu begeben, und Ihre Tochter dort, zu deren beßerer Pflege zu laßen, oder auch dieselbe mitzunehmen habe.*[51] Was in der Zwischenzeit vorgefallen war und die Ausweisung Catharinas Mutter nach sich gezogen hatte, geht aus den Akten nicht hervor. Bemerkenswert ist der Fall in mehrerer Hinsicht: Es handelt sich um eine der ersten Aufnahmen einer geistig differenten Person im Rostocker Zuchthaus, noch dazu einer ungewöhnlich jungen Rezipientin. Die gleichzeitige Aufnahme der Mutter zeugt einerseits von dem Umstand, dass zur Pflege beziehungsweise zum angemessenen Umgang mit solchen Personen noch kein qualifiziertes Personal im Zuchthaus vorhanden war. Andererseits macht die Doppelrezeption auch deutlich, dass das Zuchthaus von Anfang an nicht nur als Ort des Strafvollzuges und als Besserungsanstalt gedacht war. Es bot in diesem Fall explizit einen geschützten Raum zur Pflege und Genesung eines rasenden und von Zeitgenossen als besessen wahrgenommenen Kindes. Zusätzlich übernahm die Stadt die Kosten dieses Aufenthaltes und beglich sie mit Mitteln der städtischen Armenordnung. Insgesamt erinnert die Schilderung des Falles durch Weiss stark an frühere Hexenprozesse, nur

---

[49] AHR 1.1.6.16. Nr. 151, Anträge an den Rat auf Aufnahme und Entlassung von Züchtlingen und Irren und Verfügung an das Zucht- und Werkhaus, Bd. 1, hier Schreiben vom 09.05.1741.

[50] AHR 1.1.6.16. Nr. 151, hier Schreiben vom 09.05.1741.

[51] AHR 1.1.3.16. Nr. 142, hier Listennummer 86.

wurden mittlerweile andere Konsequenzen gezogen. Die Ausweisung der Mutter aus dem Zuchthaus lässt schließlich vermuten, dass sie, nicht die Tochter, durch ein nicht näher beschriebenes unangemessenes Verhalten die Ordnung im Zuchthaus gefährdete. Als Konsequenz blieb einzig, sie als ursprünglich Ortsfremde aus diesem geschützten Raum, der eben doch mehr war als ein Ort reiner Sicherungsverwahrung, wieder auszuweisen. Ob Catharina Barsch nach diesem Vorfall weiter im Zuchthaus verblieb oder es gemeinsam mit ihrer Mutter verließ, ist den Akten nicht zu entnehmen.

Die Länge der Zuchthausaufenthalte variierte je nach Anlass der Aufnahme und Betragen beziehungsweise Besserung des Züchtlings zwischen einigen Wochen und mehreren Jahren. Insbesondere unter den geistig differenten Personen finden sich dabei auch solche mit sehr langen Aufenthalten (bis zu 31 Jahren)[52] oder mehrfachen Wiederaufnahmen nach zwischenzeitiger Verhaltensbesserung.[53] In der Frage der Finanzierung eines Zuchthausaufenthaltes von nicht straffälligen Personen lässt sich im Laufe des 18. Jahrhunderts ein Wandel konstatieren. Bis 1740 hatten sich die Gebühren, die für einen nicht arbeitenden männlichen Züchtling bezahlt werden mussten, bereits von 50 Reichstaler auf 60 Reichstaler erhöht, *weil die Eß-Waaren anjetzo zimlich theuer im Preise sind.* Für die Aufnahme derjenigen, die *nicht recht bey Verstande, und also ihrer Sinnen nicht mächtig seyn,* war *denen Umständen nach, etwas mehr, als sonst ordinair gegeben wird,* zu entrichten.[54] Diese Beiträge, welche bei Aufnahme eines Züchtlings im Voraus zu bezahlen waren, deckten jedoch selbst mit dem von den Insassen erarbeiteten Gütern und ihrem zum Teil auswärts erworbenen Lohn nicht die laufenden Kosten des Zuchthauses. In den frühen 1780er Jahren kam es deshalb nach einem Hilfsgesuch von Seiten des Zuchthauses und einer Untersuchung zu einer längeren Auseinandersetzung zwischen dem Rat und den Vertretern der beiden Quartiere der Stadt.[55] Beide Parteien wurden sich bezüglich einer weiteren notwendigen Erhöhung der Kostgelder für aufzunehmende Züchtlinge schnell einig. Uneinigkeit herrschte hingegen in der Frage, ob eine

---

[52] So führt ein Verzeichnis der unentgeltlich aufgenommenen Züchtlinge 1780 die wahnsinnige Anna Früchtning auf, welche bereits seit 1749 im Zuchthaus wohnte und sich *ein weniges verdient[e].* AHR 1.1.1. Nr. 1544, hier Schreiben vom 23.02.1780, Anlage B.

[53] Nachzuvollziehen an den quartalsweise geführten tabellarischen Insassenaufstellungen der Jahre 1814-1832, vgl. AHR 1.1.3.16. Nr. 171/1 Verzeichnis der Züchtlinge im Zucht- und Werkhaus und der Gemütskranken im St. Katharinenstift.

[54] AHR 1.1.3.16. Nr. 158 Erfordernisse beim Einkauf in das Zucht- und Werkhaus, hier *Von Einkauffung in das Zucht und Werkhauß,* 04.07.1740.

[55] AHR 1.1.1. Nr. 1544.

weitere Lotterie zur Finanzierung der Anstalt eingerichtet werden sollte. Der Rat lehnte dies entschieden ab und ermahnte die Vertreter der Bürgerschaft im gleichen Zuge, ihre Befugnisse nicht zu übertreten, *da nicht ihr, sondern dem Rath das Stadt Regiment zustehet.*[56] Denn insbesondere hinsichtlich der Finanzierung der mittellosen, geistig differenten Zuchthausinsassen, welche bis dato aus der Stadtkasse bestritten wurde, herrschten erhebliche Differenzen zwischen den beiden Quartieren und dem Rat. Während das erste Quartier zurückhaltender argumentierte und weiter an der bisherigen Praxis der Kostenübernahme durch die Stadtkasse festhalten wollte, plädierte das zweite Quartier entschieden dafür, die notwendigen Kosten für diese Personengruppe aus den Mitteln der Hospitäler Hl. Geist und St. Georg zu bestreiten, da dies ihrem ursprünglichen Zweck sehr angemessen sei. Der Rat selber schloss sich dem zweiten Quartier an; Gelder aus der Stadtkasse sollten nur dann bemüht werden, wenn es an entsprechenden Stiftungen mangelte, *aus denen Kranke und Nothleidende, mithin auch Vernunftlose, Wahnwitzige und tolle Personen beym Mangel eigenen Vermögens unterhalten werden können*[57] – dies sei in Rostock allerdings nicht der Fall. Die Vertreter des ersten Quartiers argumentierten dagegen, dass den Hospitälern durchaus die nötigen finanziellen Mittel hierfür fehlen würden; müssten sie die Zuchthausinsassen finanzieren, fehlten diese Gelder wiederum bei der Versorgung der ihnen unterstellten Armen. Der Rat wies dies mit Verweis auf hinreichende Mittel der Stiftungen zurück. Bei mittellosen Rezipienten sollte die Finanzierung fortan durch eine Bezuschussung durch die Hospitäler erfolgen. Primär dürfte bei dieser Entscheidung der finanzielle Aspekt – die Entlastung der *ohnehin mit Ausgaben überfüllte[n] Stadt-Casse*[58] zugunsten einer Nutzung der Gelder und Einkünfte der Stiftungen und Hospitäler – im Vordergrund gestanden haben, weniger aber eine Rückbesinnung auf die karitativen Werte dieser Stiftungen.

Gründung der ersten Irrenanstalt Rostocks 1825

Insbesondere seit dem letzten Jahrzehnt des 18. Jahrhunderts kam es vermehrt zur Kritik an der gemeinsamen Unterbringung von geistig differenten Personen und Verbrechern, ebenso wie Armen und zum Teil auch Waisen in denselben Anstalten. Das prominenteste Beispiel hierfür ist die sogenannte *Befreiung der*

---

[56] AHR 1.1.1. Nr. 1544, hier Schreiben des Rates vom 03.10.1781.

[57] AHR 1.1.1. Nr. 1544, hier Schreiben des Rates vom 03.10.1781.

[58] AHR 1.1.1. Nr. 1544, hier Schreiben des Rates vom 12.10.1781.

Geisteskranken von den Ketten durch den Franzosen Philippe Pinel.[59] Auch im deutschen Sprachraum wurden die zuvor in Frankreich und England initiierten Irrenreform-Bemühungen rezipiert. In seinem 1791/1794 erschienenen Werk *Historische Nachrichten und Bemerkungen über die merkwürdigsten Zuchthäuser in Deutschland* sprach sich der Hallenser Zuchthausprediger Heinrich Balthasar Wagnitz entschieden gegen die Missstände in den bestehenden Zuchthäusern und Irrenanstalten aus. Um 1800 kam es zu den ersten diesbezüglichen Umwandlungen von Irrenanstalten, Zucht-, Werk- und Waisenhäusern im deutschen Sprachraum.[60] Auch für das zweite Zucht- und Werkhaus Mecklenburg-Schwerins auf der Festung Dömitz und das sich ebenfalls daselbst befindliche Tollhaus gab es 1818 und in den 1830er Jahren landesherrlich verordnete Untersuchungen der bereits bekannten Missstände dieser Anstalten. Sie führten schließlich zum langsamen Niedergang des Zuchthauses; mit Eröffnung der neugebauten Heilanstalt Sachsenberg bei Schwerin wurden die meisten geistig differenten Insassen von Dömitz dorthin verlegt.[61]

Über die genauen Hintergründe der Gründung von Rostocks erster sogenannter Irrenanstalt finden sich, ebenso wie über den oder die Initiatoren, nur wenig Hinweise. Im Jahr 1803 gelang es der Stadt Rostock nach mehreren gescheiterten Versuchen die Reform ihrer Armenordnung zur besseren Unterstützung ihrer Armen und der endgültigen Beseitigung des anwachsenden Bettelwesens. Die meisten der milden Stiftungen, Hospitäler und auch das Waisenhaus wurden dem neu gegründeten Armenkollegium einverleibt. Einzig das Bröcker-Armenhaus und das Zucht- und Werkhaus blieben als unabhängig verwaltete Institute bestehen.[62] Im Jahr 1819 trat das noch junge Armenkollegium mit der Idee einer neuen Funktionszuweisung der ehemaligen Katharinenkirche an Bürgerschaft und Rat heran. Sie wurde später von den Abgeordneten des zweiten Quartiers mit der Begründung abgelehnt, *wir vermuthen, [dass es] wiederum ein zum*

---

[59] Vgl. SCHOTT, Heinz / TÖLLE, Rainer: Geschichte der Psychiatrie, Krankheitslehren Irrwege Behandlungsformen. München 2006, S. 244-246.

[60] BRÜCKNER, Burkhart: Delirium und Wahn. Geschichte, Selbstzeugnisse und Theorien von der Antike bis 1900. II. Band: 19. Jahrhundert – Deutschland. Hürtgenwald 2007, S. 25-26.

[61] MROTZEK, Fred: „Dömitz oder das Seufzen der Gefangenen". Das Zucht- und Werkhaus auf der Festung Dömitz 1753-1843. In: Der Festungskurier. Beiträge zur Mecklenburgischen Landes- und Regionalgeschichte vom Tag der Landesgeschichte in Dömitz, 1 (2001), S. 73-100, hier S. 90, 95-98; GRAF (wie Anm. 21), S. 15-18.

[62] Vgl. zur Rostocker Armenreform STRAßENBURG (wie Anm. 2).

Schaden der Armenordnung eingerichtetes Project ist.[63] Das Armenkollegium hatte vorgeschlagen, die mittlerweile säkularisierte Katharinenkirche[64] an eine noch zu gründende Aktiengesellschaft zu verkaufen und von ihr an dieser Stelle ein neues Gebäude mit kleinen, bezahlbaren Wohnstuben vorwiegend für rezipierte Arme erbauen zu lassen.

Denn, so das Kollegium, *[u]nter den Veranlassungen, welche den geringen Mann in unserer Stadt in Noth und Elend bringen, ist der Mangel an kleinen Wohnungen, und die Theurung der Mieten, eine der Hauptsächlichsten.*[65] Rat und Bürgerschaft zeigten sich diesem Vorschlag gegenüber zwar offen, brachten jedoch einerseits erhebliche Bedenken bezüglich der Finanzierbarkeit vor, andererseits bezweifelten sie, ob bei vollständiger Übertragung des Projektes an eine dritte Partei

Abbildung 3
Kirche des Katharinenklosters, ehemaliges
St. Katharinen-Stiftung, Blick von Süden
Zustand 2014 (Foto: Sophie Große)

---

[63] AHR 1.1.3.13. Nr. 781 Verkauf der Kirche an das Zucht- und Werkhaus, hier Abgabe des II. Quartiers vom 19.03.1819. Seit seiner Gründung hatte das Armenkollegium mit erheblichen finanziellen Schwierigkeiten zu kämpfen, neuen Investitionsvorhaben standen Rat und insbesondere die Bürgerschaft damit skeptisch gegenüber. Vgl. STRAßENBURG (wie Anm. 2), S. 382.

[64] Nach der Reformation wurde die Klosterkirche bis 1807 weiterhin als Kirche u.a. für die Insassen vom Waisen- und Zucht- und Werkhaus genutzt. Im Zuge der französischen Besetzung Rostocks wurde sie in den Jahren 1807 und 1808 in ein französisches Militärkrankenhaus umgewandelt. Anschließend wurde sie säkularisiert und ging in den Besitz des Armenkollegiums über. RÖNNBERG, Friedrich W.: Nachricht einer werdenden wichtigen Krankenanstalt zu Rostock. In: Freimüthiges Abendblatt, 7 (1825), Nr. 352, Nr. 359, Sp. 697-728, 845-846, hier Sp. 727.

[65] AHR, 1.1.3.13. Nr. 781, hier Vorschlag des Armenkollegiums vom 06.02.1819.

in Form eines Aktionärs gewährleistet werden könne, dass die Wohnungen später tatsächlich an Arme vermietet würden und nicht an Interessenten mit einem größeren Investitionsvermögen. Das Armenkollegium wollte und konnte das Projekt nicht auf eigene Kosten umsetzen, weshalb die Idee schließlich nicht weiter verfolgt wurde. Im Jahr 1823 kam es erneut zu Verhandlungen um den Verkauf der Katharinenkirche. Diesmal wandten sich die Vorsteher des Zucht- und Werkhauses mit Bitte um Genehmigung des Kaufs an Rat und Bürgerschaft, wussten aber wesentlich geschickter zu überzeugen. Sie erhoben zunächst praktische Einwände gegen eine anderweitige Nutzung der ehemaligen Kirche, indem nämlich ein Verkauf und gegebenenfalls folgender Umbau durch Dritte erhebliche Einschränkungen und Nachteile für das baulich direkt anschließende Zucht- und Werkhaus nach sich ziehen könnte. Als Hauptargument führten sie folgend den längst überfälligen Notstand an, dass aufgrund der bisher mangelhaften räumlichen Umstände Sträflinge und Gemütskranke im Zuchthaus gemeinsam untergebracht waren, *obwohl [dies] nicht eigentlich zu rechtfertigen war*.[66] Hierin liege der *Hauptfehler unserer Anstalt*, dem durch Umbau der Kirche Abhilfe geleistet werden könne. Die Katharinenkirche würde nicht nur Raum für die angemessene Unterbringung der Gemütskranken schaffen, in ihrem Erdgeschoss könnten zudem weitere benötigte Arbeitsräume für die Insassen des Zucht- und Werkhauses untergebracht werden. Zusätzlich böte die Kirche Platz für weiter zu verpachtende Kornböden, sodass die Kosten für den Umbau mit der Zeit wieder eingebracht werden könnten. Die Zustimmung durch Rat und Bürgerschaft zu diesem Vorhaben erfolgte einhellig, im Umbau selbst wichen sie schließlich von ihren ursprünglichen Plänen ab. Die säkularisierte Kirche wurde doch vollständig zu einer Irrenheilanstalt umfunktioniert und im Zuge von weiteren Umbaumaßnahmen in den 1850er und 1860er Jahren um ein drittes Stockwerk und einen weiteren Flügel vergrößert.[67] Wie auch in anderen Staaten[68] erfolgte diese erste Irrenreform in Rostock damit zunächst in Form einer

---

[66] AHR, 1.1.3.13. Nr. 781, hier Bitte der Vorsteher des Zucht- und Werkhauses vom 15.09.1823. Folgendes Zitat ebenda.

[67] SCHRÖDER, Johann: Bemerkungen über die Verbreitung der Cholera im St. Catharinen-Stifte zu Rostock während der Epidemie von 1859. In: Correspondenz-Blatt der deutschen Gesellschaft für Psychiatrie und gerichtliche Psychologie, 8 (1861), S. 131-134, hier S. 131.

[68] Vgl. für Baden und Bayern CHMIELEWSKI, Alexandra: Norm und Autonomie. Legitimierungsstrategien und Deutungsmacht süddeutscher Anstaltspsychiater in der ersten Hälfte des 19. Jahrhunderts. In: FANGERAU, Heiner / NOLTE, Karen (Hrsg.): „Moderne" Anstaltspsychiatrie im 19. und 20. Jahrhundert – Legitimation und Kritik. Stuttgart 2006, S. 67-82, hier S. 69.

Umwandlung bzw. Erweiterung bereits bestehender Kranken- und Detentions-anstalten.

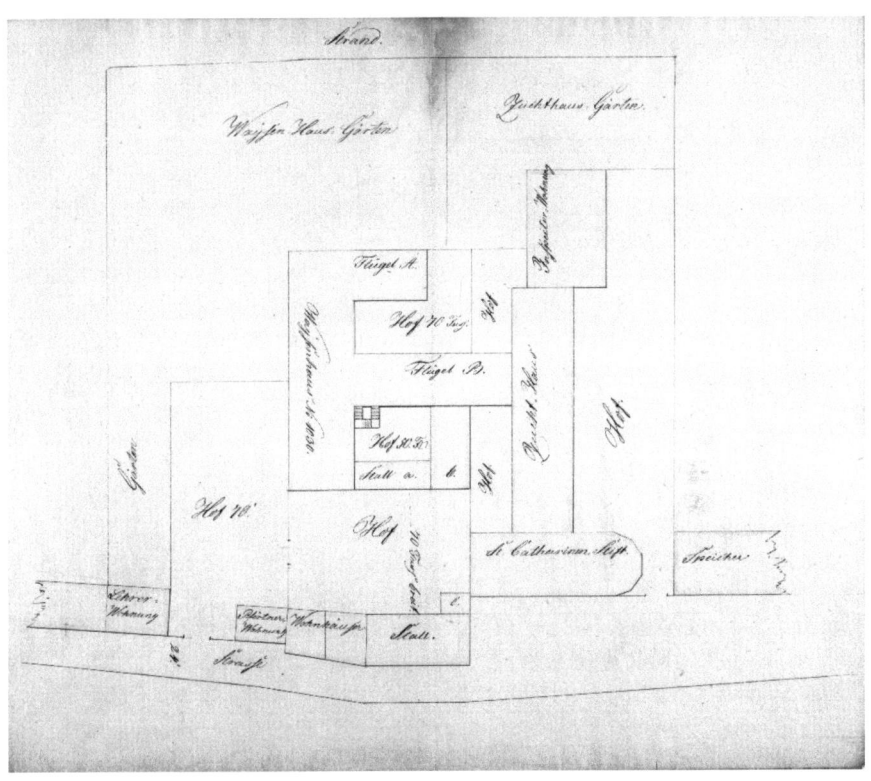

Abbildung 4
Lageplan des Waisenhauses, des Zuchthauses und des Katharinenstifts
mit Erklärung, 1827 (AHR 1.1.3.16. Nr. 133/2)

Die Erklärung des Plans lautet: *Das hiesige Waysenhaus liegt unter Nr 1030 ohnweit der Grube und dem Strande. / Im 2ten Stock des Flügels B befindet sich das Warenlager des Armeninstituts. / Das Gebäude mit den beiden Flügeln A & B ist massiv erbaut; das 1te Stock oder Erdgeschoss ist durchgehends mit Kreutz-Gewölben bedeckt; das 2te Stock ist theils Gewölbe theils mit gewöhnlichen Bal-kendecken versehen; der Boden mit Brettern abgelegt, und das Dach mit Ziegel-steinen gedeckt auch mit Blitzableitung versehen. / Der Flügel B stößt unmittel-bar an dem in derselben Art wie sie erbauten Zuchthaus-Gebäude. Im Erd-Ge-schoss des Hauptgebäudes ist die Wohnung des Oeconom und werden die Zim-mer des 2ten Stock zu Schul und Industrie Zimmer benutzt. / Der Holzstall a ist*

1 Stock hoch, von Fachwerck erbaut und mit Ziegelsteinen gedeckt. / Das Gebäude b gehört am Zuchthause, ist 2 Stock hoch masiv aufgeführt, und mit Ziegel gedeckt, dasselbe ist zu Arbeits-Räumen eingerichtet und ist ohne Feuerstellen. / In dem kleinen Gebäude c stehet die St. Cathar. Feuerspritze. / Rostock den 25ten Januar 1827 / Joh. Goeseh.

Die Gründung der St. Katharinen-Stiftung in der ehemaligen Katharinenkirche stellt gleichermaßen eine Ausdifferenzierung wie auch Erweiterung des Zucht- und Werkhauses dar. Beide Institutionen wurden in Personalunion geführt, als Patrone fungierten die drei Bürgermeister, die Vorsteher des Zuchthauses waren zugleich diejenigen der Irrenheilanstalt.[69] Zu den Bediensteten kamen ein Aufseher und ein (zunächst interimistischer) Arzt der Stiftung hinzu.

Als erster Arzt der St. Katharinen-Stiftung ist der aus Bössow bei Grevesmühlen stammende Mediziner Johann Carl Friedrich Strempel belegt. Nach seinem Studium in Rostock und Berlin war Strempel (1800-1872) zunächst in Schwerin als praktischer Arzt tätig. Kurze Zeit später siedelte er nach Rostock über, habilitierte dort 1825 und erhielt bereits ein Jahr später eine ordentliche Professur für Medizin. Seit 1826 führt ihn der Mecklenburg-Schwerinsche Staatskalender als Arzt der *IrrenHeilAnstalt zu St. Catharinen* auf[70], eine Stellung, die er die nächsten zehn Jahre *ad interim* innehatte. Über die Umstände, wie er zu dieser Stellung kam, ebenso wie über Art und Umfang seiner Tätigkeit an der Stiftung haben sich bisher keine Hinweise gefunden.[71] Der Schwerpunkt seines medizinischen Wirkens lag vielmehr in seinem Engagement im klinischen (nicht psychiatrischen) Unterricht, der Gründung einer eigenen medizinisch-chirurgischen Privatklinik im Jahr 1828, seinen Bemühungen hinsichtlich des Baus eines neuen Stadt- und Universitätskrankenhauses[72] und seinen Verdiensten um die Entwicklung der Geburtenhilfe in Mecklenburg-Schwerin.[73] Weder seine

---

[69] Im Gründungsjahr der Stiftung 1825 waren dies F. Lück, F. Müller, J. C. Petersen und J. B. Scheele. [Staatskalender 1826], S. 172, 176.

[70] [Staatskalender 1826], S. 172.

[71] Selbst Hofmeister, Teichmann und Willgeroth verschweigen Strempels Tätigkeit an der Stiftung. Vgl. HOFMEISTER, Adolf: Strempel, Joh. Karl Friedrich, in: Allgemeine Deutsche Biographie, hrsg. v. d. Historischen Kommission bei der Bayerischen Akademie der Wissenschaften, Bd. 36, Leipzig 1893, S. 573–575; TEICHMANN, Werner: Strempel, Johann Carl Friedrich. In: Sabine PETTKE (Hrsg.): Biographisches Lexikon für Mecklenburg, Bd. 3. Rostock 2001, S. 296-299; WILLGEROTH, Gustav: Die mecklenburgischen Aerzte von den ältesten Zeiten bis zur Gegenwart. Schwerin 1929, S. 252.

[72] Vgl. hierzu AMHAUSEND (wie Anm. 8).

[73] TEICHMANN (wie Anm. 71), S. 297-298.

Schriften noch seine Lehrtätigkeit lassen eine weitere Beschäftigung mit psychiatrischen Themen erkennen.

Eine Wende brachte die Amtsübernahme durch den ein Jahr älteren Johann Theodor Ludwig Schröder (1799-1879).[74] Der gebürtige Lübecker nahm 1821 sein Medizinstudium in Göttingen auf[75] und wechselte zwei Jahre später an die Universität Würzburg[76]. Detaillierte Informationen über seine Ausbildung sind nicht erhalten.[77] Es kann allerdings vermutet werden, dass Schröder im Wintersemester 1822/23 erstmalig im Rahmen einer Vorlesung bei dem Göttinger Mediziner Carl Tuckermann[78] mit psychiatrischen Fragestellungen in Kontakt kam.[79] War Tuckermanns Lehrveranstaltung in Göttingen zu Schröders Zeiten noch ein Einzelfall gewesen, so gab es in Würzburg regelmäßig verschiedene solcher Vorlesungen, von denen Schröder wahrscheinlich mehrere besucht hat.[80]

---

[74] Schröder wird lediglich bei Grewolls und Willgeroth erwähnt, nähere Informationen über ihn fehlen hingegen. GREWOLLS, Grete: Wer war wer in Mecklenburg und Vorpommern. Rostock 2011, S. 9050; WILLGEROTH (wie Anm. 71), S. 253-254.

[75] SELLE, Götz von: Die Matrikel der Georg-August-Universität zu Göttingen 1734-1837. Hildesheim und Leipzig 1937, hier S. 654.

[76] MERKLE, Sebastian: Die Matrikel der Universität Würzburg (1582-1830). München 1922, S. 957.

[77] Freundliche Auskunft von Herrn Dr. Hunger, Universitätsarchiv Göttingen.

[78] OESTERLEY, Georg H.: Versuch einer academischen Gelehrten-Geschichte von der Georg-Augustus-Universität zu Göttingen, Vierter Theil: Von 1820 bis zur ersten Säcularfeier der Universität im Jahre 1837. Göttingen 1838, S. 317.

[79] Als Privatdozent bot Tuckermann einmalig im Wintersemester 1822/23 eine Vorlesung mit dem Titel *Medicinische Psychologie, oder Physiologie, Pathologie und Therapie der Seele* an. Göttingen, [Vorlesungsverzeichnis Göttingen Wintersemester 1822/23], S. 8.

[80] Vgl. [Vorlesungsverzeichnis Würzburg Sommer-Semester 1824, Sommer-Semester 1825, Winter-Semester 1825/26, Sommer-Semester 1826].

Die Lehre in Würzburg erfolgte in dieser Zeit nach Werken von Heinroth, Neumann und Hergenröther, klinischer Unterricht erfolgte zu Schröders Lehrzeit allerdings noch nicht.[81] Im Mai 1827 promovierte Schröder in Rostock[82] und war dort fortan als Arzt tätig. Seit 1833 lehrte er zudem als Privatdozent an der Universität Rostock. Bereits seine Dissertation *De Symptomatologia Et Aetologia Praesertim De Nature Et Curatione Morbi Hypochondriaci Et Hysterici* weist auf eine frühe eingehende Beschäftigung mit psychiatrischen Fragestellungen hin. Im Jahr 1835 löste Schröder schließlich als erster nicht interimistischer Arzt Strempel in der medizinischen Leitung der Rostocker Irrenanstalt ab. Im selben Jahr begann er mit einer eigenen Lehrtätigkeit in diesem Bereich[83]: während er zunächst neben Vorlesungen zur Syphilis und zur forensischen Medizin zwei Semester lang auch über Nervenkrankheiten las[84], bot er ab dem Sommersemester 1836 regelmäßig Vorlesungen über psychische Krankheiten und deren Beobachtungs- und Heilinstitutionen an[85]. Zwar waren seine Lehrveranstaltungen in diesem Bereich bis 1868 ausgeschrieben, also drei Jahre länger, als er die Leitung der St. Katharinen-Stiftung innehatte. 1865 wurde aber bereits moniert, dass aufgrund seiner Unzuverlässigkeit im Bereich der Lehre schon seit Jahren keine dieser Veranstaltungen mehr tatsächlich abgehalten würde.[86] Ludwig Spengler sah in Schröders Lehrtätigkeit dennoch *kein[en] kleine[n] Vorzug*

---

[81] Der dem Juliusspital in Würzburg bis 1824 vorstehende medizinische Leiter der Irrenabteilung, Anton Müller, war ein entschiedener Gegner klinischen Unterrichts in der Psychiatrie. Zu einer Verbindung von Vorlesung und klinischen Demonstrationen kam es in Würzburg in diesem Bereich erst sieben Jahre nach Müllers Dienstende. RIEGER, Konrad: Anton Müller. 1755-1827. In: KIRCHHOFF, Theodor: Deutsche Irrenärzte. Einzelbilder ihres Lebens und Wirkens. Berlin 1921, S. 25-27, hier S. 25-26; EULNER, Hans-Heinz: Die Entwicklung der medizinischen Spezialfächer an den Universitäten des deutschen Sprachgebietes. Stuttgart 1970, S. 275.

[82] SCHÄFER, Ernst: Die Matrikel der Universität Rostock V. (Ost. 1789 - 30. Juni 1831), Rostock 1912, S. 114.

[83] Im Wintersemester 1828/29 wurde bereits einmalig von Carl Weinholtz, Privatdozent an der philosophischen Fakultät, eine Vorlesung zum Thema „*de animi motibus, affectionibus et morbis*" angekündigt. In der Folgezeit las er hingegen über Goethe, Logik und griechische Philosophie. [Vorlesungsverzeichnis Rostock Winter-Semester 1828/29], S. 12.

[84] [Vorlesungsverzeichnis Rostock Sommer-Semester 1835, Winter-Semester 1835/36].

[85] Ab dem Sommersemester 1836 „*Morbos psychicos, practicam interserens ad eos observandos et curandos institutionem*"; vom Wintersemester 1838 bis Sommersemester 1868 als „*Pathologiam et therapiam morborum psychicorum*" gehalten. Für die Jahre 1837-1839, 1858 und 1864 sind nicht durchgehend Veranstaltungen von ihm aufgeführt.

[86] MIESCH, Ines: Die Heil- und Pflegeanstalt Gehlsheim. Von den Anfängen bis 1946. Rostock 1996, S. 16.

von Rostock, fehlten solche Vorlesungen doch an zahlreichen Universitäten.[87] Nach Schröders Ausscheiden dauerte es fast drei Jahrzehnte, bis die Lehrtätigkeit in diesem Bereich an der medizinischen Fakultät der Rostocker Universität weitergeführt und mit einem Lehrstuhl in den planmäßigen Lehrbetrieb integriert wurde. Erst mit Gründung der Nervenheilanstalt in Gehlsdorf 1896 und der Übernahme der Leitung ebenjener Institution durch den gebürtigen Thüringer Fedor Schuchardt wurden in Rostock wieder systematisch psychiatrische Vorlesungen gehalten.[88]

In Anbetracht der umfangreichen beruflichen Schwerpunkte Strempels muss hinterfragt werden, von welchem Ausmaß seine Tätigkeit an der Stiftung überhaupt gewesen ist. Die Amtsübernahme Schröders veränderte zugleich die personale Situation des Zucht- und Werkhauses. Bestand das Personal bisher neben den vor allem mit administrativen Aufgaben versehenen Patronen und Vorstehern im Wesentlichen aus Inspektor und Zuchtmeister (und deren Ehefrauen), so wurden ab 1835 zusätzlich zwei Ärzte und ein Wundarzt genannt.[89] Es kann vermutet werden, dass sich mit der regelmäßige(re)n ärztlichen Betreuung der Zuchthausinsassen mit der Zeit auch die allgemeinen Umstände ihrer Unterbringung verbessert haben – zumindest setzte sich Schröder nachweislich für deren Verbesserung ein. In welchem Umfang hier tatsächliche Veränderungen stattgefunden haben, kann nicht mit Sicherheit gesagt werden.

Über die konkreten Lebens- und Arbeitsumstände der Insassen sowohl des Zuchthauses als auch der Irrenanstalt ist wenig bekannt. In den Notizen Spenglers findet sich ein kurzer Kommentar hierzu: Nachdem er zunächst kurz

---

[87] Auch in Rostock dürfte die Rezeption Schröders Vorlesungen aufgrund der geringen Studierendenzahlen eher gering ausgefallen sein. SPENGLER, Ludwig: Das medicinische Mecklenburg. Notizen, gesammelt auf einer Reise im Winter 1855-56. In: Deutsche Zeitschrift für die Staatsarzneikunde, NF, Bd. 12, H. 1 (1858), S. 109-213, hier S. 166-167. Vgl. dazu EULNER (wie Anm. 81), S. 257-282.

[88] Nach dem Studium in Jena, Berlin, Freiburg und Straßburg war Schuchardt (1848-1913) zunächst in den Provinzial-Irrenanstalten in Andernach bei Koblenz und in Bonn tätig. Von 1886 bis 1895 hatte er die Stellung des leitenden Arztes an der Großherzoglichen Irrenheilanstalt Sachsenberg bei Schwerin inne, bis er 1895 schließlich die Professur für Psychiatrie in Rostock übernahm und beim Aufbau der Gehlsheimer Nervenheilanstalt mitwirkte. Seine Lehrtätigkeit nahm er u.a. mit einer Vorlesung über *Ausgewählte Kapitel der speciellen Pathologie und Therapie der Geistesstörungen* auf. [Vorlesungsverzeichnis Rostock Sommer-Semester 1896]; Vgl. Eintrag von Fedor Schuchardt im Catalogus Professorum Rostochiensium: URL: http://cpr.uni-rostock.de/metadata/cpr_person_00001834 (Stand: 09.04.2015). Vgl. auch MIESCH (wie Anm. 86), S. 15-21.

[89] [Staatskalender 1836], S. 178.

die sogenannten Narren-Boden als Unterbringungsort für Irrsinnige beschreibt[90], in welchen die Betroffenen *bloss bewacht, auch gespeisst, aber weder gepflegt, noch geheilt und halbwegs zur Klasse der Verbrecher gerechnet* wurden, fährt er über die St. Katharinen-Stiftung fort:

> *So war es früher auch zu St. Catharinen in Rostock; das s. g. Irrenhaus war eine blosse Aufbewahrungsanstalt und eine Versorgung für die Inspectoren; die Kranken waren der Rohheit des gaffenden Pöbels ausgesetzt, und dienten später selbst noch dem Publicum zum Amüsement, was erst der jetzige Hausarzt* [i.e. Schröder, Anm. d. V.] *abgeschafft hat.*[91]

Zwar bestand die Möglichkeit der Besichtigung des Zuchthauses[92], inwieweit Spenglers Angaben bezüglich einer Zurschaustellung der geistig differenten Insassen aber der Realität entsprechen, kann nicht mehr nachvollzogen werden. Die Lage der geistig differenten Insassen scheint dagegen je nach Umständen des Einzelfalls sehr unterschiedlich gewesen zu sein. Während etwa Fälle wie derjenige der Catharina Hartlapp nicht auf grundsätzlich desolate, lediglich auf Verwahrung der Betroffenen ausgelegte Praktiken schließen lassen, äußerte sich Schröder 1845 doch ebenso kritisch über die Unterbringung der Insassen und den mangelnden Freigang, den sie mitunter erhielten:

> *Betrachtet man einige dieser Armen, wie sie, zum Skelet abgemagert, kaum zu gehen vermögen, wie sie den ganzen Winter ihr erbärmliches Dasein zwischen dumpfen Männern hinschleppen, und nur an einzelnen Tagen, wenn es grade die Witterung und ihr Kräftezustand erlaubt, sich des Anblicks des freien Himmels erfreuen, so mögte man versucht sein, jene harte Versagung für unmöglich zu halten; [...]*[93]

An anderer Stelle[94] berichtet Schröder sehr anschaulich von einem unter schlimmsten Bedingungen in einer Kammer im Zuchthaus untergebrachten

---

[90] Es müssen die auch für Rostock nachgewiesenen „Thorenkisten" gemeint sein.

[91] SPENGLER (wie Anm. 87), S. 164.

[92] E. E. Raths der Stadt Rostock erneuerte und verbesserte Policey-Ordnung. Rostock 1757 (Universitätsbibliothek Rostock, Signatur LB G 6), Tit. VII Art. XXVII.

[93] AHR 1.1.3.16. Nr. 133/2, Verwaltung des Zucht- und Werkhauses und der Irrenanstalt St. Katharinen, hier Schreiben vom 15.06.1845.

[94] [SCHRÖDER, Johann:] Die Irrenheilanstalt St. Catharinen-Stiftung in Rostock 1835-1860. Rostock 1860.

Geisteskranken, welchem er nach Aufnahme in der Stiftung dauerhaft zur Genesung verhelfen konnte.

Bei diesen und anderen seiner Äußerungen bleibt immer zu hinterfragen, mit welcher Intention er sich wem gegenüber äußerte. So beklagte er die Unterbringung der geistig differenten Insassen insbesondere in der sogenannten Alten Irrenanstalt, also dem Zuchthaus, gegenüber dem Rat vehement und versuchte damit, an Gewissen und dessen Verantwortung gegenüber ihren Bürgern zu appellieren, in der Hoffnung, Mittel für eine Verbesserung der Zustände im Katharinenkloster zu erhalten. In Außendarstellungen, etwa in Beiträgen früher Fachjournale, betont er hingegen die Vorzüge, welche seine Anstalt für die dort Behandelten hat, auf die Missstände geht er hingegen nicht ein. Zur Verifizierung bzw. als gewisses Korrektiv dieser Aussagen können Fremddarstellungen dienen, wie etwa diejenige von Spengler. Allerdings bleibt immer die Frage, inwieweit Besuche der Anstalt durch Dritte im Vorfeld angekündigt waren und mit entsprechend positivem Resultat umgesetzt werden konnten.

Über Umgang und medizinische Behandlung zur Zeit Schröders lässt sich – überwiegend durch entsprechende Außendarstellungen Schröders in Fachjournalen – einiges in Erfahrung bringen. Doch auch Spengler äußerte sich und hob Mitte der 1850er Jahre als *Eigenthümlichkeit der Anstalt* hervor, dass sie gänzlich ohne Zwangsmittel und auch ohne Tobzellen auskäme.[95] Für das Zuchthaus finden sich hingegen noch in den 1780er Jahren Nachweise für eine Ankettung geistig differenter Insassen in bestimmten Fällen.[96] Das sogenannte non restraint-System, also der Verzicht auf mechanische Zwangsmaßnahmen gegenüber den Betroffenen, hatte seinen Ursprung in der britischen Anstaltspsychiatrie der 1830er Jahre. John Conolly, der Urheber dieser Bewegung, charakterisierte den Unterschied zum alten System folgender Maßen:

The old system placed all violent or troublesome patients in the position of dangerous animals. The new system regards them as afflicted persons, whose brain and nerves are diseased, and who are to be restored to health, and comfort, and reason. This simple difference of view it is which influences every particular in the arrangement of every part of an asylum for the insane.[97]

---

[95] SPENGLER (wie Anm. 87), S. 164.

[96] AHR 1.1.1. Nr. 1544, hier Anlage B (*Verzeichnis der Züchtlinge, welche unentgeldlich im Zucht und Werk-Hause sich befinden*) zu Schreiben der Zuchthausvorsteher vom 23.02.1780, lautet *seit Ao 1767 Wilhelm Mahn, ein Schifs-ZimmerMeister, welcher in Ketten liegt, 30 rtl, 24 sl.*

[97] CONOLLY, John: Treatment of the Insane Without Mechanical Restraints. Extracts from the annual reports of Hanwell Asylum 1839–1849. London 1856, S. 53.

Während Sicherheit und Kontrolle der Kern früherer Anstalten waren, müssten nun vielmehr Heilung und Komfort der Patienten ohne mechanischen Zwang im Vordergrund stehen. Dies erfordere gleichermaßen den Einsatz von gut ausgebildetem medizinischem Fachpersonal, wohingegen früher *ill educated men, of illiberal views, and opposed to every improvement* die Aufsicht über die Anstalten führten.[98] In Deutschland setzte sich das non restraint-System erst eine Generation nach Conolly durch. Im Jahr 1858 wurde es erstmalig durch Ludwig Meyer in Hamburg eingeführt.[99] Wann es unter der Leitung Schröders in Rostock zur Abschaffung aller Zwangsmittel gekommen war, ist unklar. Die Rostocker Irrenheilanstalt würde damit allerdings zu den frühesten Einrichtungen zählen, welche im deutschsprachigen Raum auf den Einsatz von Zwangsmitteln verzichtete und kann somit mit Recht als *Eigenthümlichkeit* gelten. Wie auch in anderen Anstalten relativiert sich dieses Urteil je nach dem, wie *Zwangsmittel* und *non restraint* definiert werden.[100] Während Spengler das Nicht-Vorhandensein solcher Zwangsmaßnahmen lobt, schilderte Schröder selbst 1860 einen besonders schweren Fall, in welchem er unter anderem durch Anwendung der Zwangsjacke eine Heilung herbeiführen konnte.[101]

Neben der Nicht- oder nur eingeschränkten Anwendung von Zwangsmaßnahmen hob Spengler als weitere Vorteile der Anstalt zur Zeit der 1850er Jahre neben guter Kost und reiner Luft vor allem auch die täglichen Spaziergänge im Garten hervor. Die allgemeinen Umstände verdienten insbesondere hinsichtlich des Alters der Anlage besonders hervorgehoben zu werden. Zudem gebe es immer wieder Heilungen von Patienten, obwohl es sich mehr um eine Pflege-, denn um eine Heilanstalt handele.[102] Zur Heilung bzw. Behandlung dienten dabei nicht nur ein angemessenes, menschenwürdiges Umfeld, eine gute Ernährung und ggf. die Anwendung bestimmter Diäten, der Zugang zu frischer Luft und entsprechende Bewegung und Beschäftigung. Zusätzlich war die St.

---

[98] CONOLLY (wie Anm. 97), S. 54.

[99] DÖRNER, Klaus: Bürger und Irre. Zur Sozialgeschichte und Wissenschaftssoziologie der Psychiatrie. Hamburg 1995, S. 287. Vgl. zur Rezeption des non restraint-Systems im deutschen Sprachgebiet MEYER, Ludwig: Das Non-Restraint und die Deutsche Psychiatrie. In: Allgemeine Zeitschrift für Psychiatrie und psychisch-gerichtliche Medicin, 20 (1863), S. 542-581.

[100] Vgl. dazu v.a. SAMMET, Kai: Ökonomie, Wissenschaft und Humanität – Wilhelm Griesinger und das non restraint-System. In: ENGSTROM, Eric / ROELCKE, Volker (Hrsg.): Psychiatrie im 19. Jahrhundert. Forschungen zur Geschichte von psychiatrischen Institutionen, Debatten und Praktiken im deutschen Sprachraum. Mainz 2003, S. 95-116.

[101] [SCHRÖDER] (wie Anm. 94).

[102] SPENGLER (wie Anm. 87), S. 164-165.

Katharinen-Stiftung mit Einrichtungen zu kalten, warmen, Tropf- und Sturzbä-dern versehen.[103]

Der insbesondere um die Mitte des 19. Jahrhunderts wichtigen Frage nach der (Un-)Heilbarkeit der Patienten und der damit verbundenen Klassifizierung der Anstalt als Heil- oder Pflegeanstalt entzog Schröder sich größtenteils. An-statt den Typ und damit die Auswahl der Patienten im Vorfeld zu bestimmen, schloss er aus der in der Praxis immer wieder vorkommenden Heilung selbst als unheilbar geltender Fälle, dass die St. Katharinen-Stiftung beides gleichermaßen sei. Zudem läge es außer dem Bereich der menschlichen Einsicht, welcher Pati-ent heil- und welcher unheilbar sei. Eine solche Kategorisierung der Patienten würde nur zu eingeschränkten Bemühungen hinsichtlich ihrer Heilung führen und dazu, unbequeme Patienten leichter abschieben zu können.[104]

Bei allen Verbesserungen, zu welchen es während der Amtszeit Schröders kam, wies die Katharinenstiftung doch auch erhebliche Mängel auf. Das größte Problem war dabei das Nicht-Vorhandensein einer Wärterin für die weiblichen Insassen. Theoretisch fiel diese Arbeit der Ehefrau des Wärters zu. Die Gattin Wedels, welcher das Amt Mitte des 19. Jahrhunderts inne hatte, konnte diese Aufgabe aber kaum erfüllen, sodass die Patientinnen 1845 *eigentlich gar keine Aufsicht* hatten und stattdessen *nur durch halbgenesene bedient* wurden.[105]

Umbrüche in den 1840er und 1850er Jahren

Die weitere Entwicklung des Katharinenklosters veranschaulicht erneut, wie ab-hängig die Frage des Umgangs mit geistig differenten Personen auch Mitte des 19. Jahrhunderts, nachdem sich längst in weiten Teilen des deutschsprachigen Raumes psychiatrische Anstalten herausgebildet hatten, noch vom (Nicht-)En-gagement und der Einstellung Einzelner war. In den Grundzügen gestaltete sich die Entwicklung – vom ehemaligen Kloster, über die Einrichtung eines Ar-men-, Waisen- und später Zucht- und Werkhauses bis hin zur Eröffnung einer zunächst gemeinsam mit dem Zuchthaus geführten Irrenanstalt – mit gewissen zeitlichen Verzögerungen ähnlich der in anderen deutschen Staaten.[106] Die im

---

[103] Irren-Anstalt St. Catharinen-Stift in Rostock. [Rostock 1835] (Universitätsbibliothek Rostock, Signatur MK-10665(5).27), [2].

[104] AHR 1.1.3.16. Nr. 133/2, hier Schreiben vom 15.06.1845.

[105] AHR 1.1.3.16. Nr. 133/2, hier Schreiben vom 05.01.1845.

[106] Vgl. etwa Baden und Bayern, CHMIELEWSKI (wie Anm. 68).

Zuge der Irrenreform um die Wende zum 19. Jahrhundert entstandenen Irrenanstalten sollten vor allem eine Verbesserung der Lebensumstände und Behandlungsmöglichkeiten für die geistig differenten, als krank anerkannten Insassen bewirken, welche bis dahin überwiegend in den Zuchthäusern untergebracht waren. So hatten auch die Vorsteher des Rostocker Zucht- und Werkhauses argumentiert: Es sei *längst für nothwendig anerkannt, daß die Sträflinge von den Gemüths Kranken getrennt seyn und dieser bisherigen Uebelstand bald gehoben werden müsse, welcher unserer Stiftung, sowohl in Hinsicht ihrer Geld-Einnahme, als auch rücksichtlich ihres Rufes und der Gemeinnützlichkeit schadet.*[107] Der angedachten Verbesserung standen nach Gründung der St. Katharinen-Stiftung 1825 aber Altlasten entgegen: Die Zuständigkeitsbereiche des Personals des Zuchthauses wurden zunächst nur auf die der Irrenanstalt ausgedehnt, in ihren Bestimmungen aber nur unbedeutend erweitert. Zusätzliches Personal gab es nur in begrenztem Umfang. Auch die Instruktionen für das neue Personal stellten sich auf den neuen medizinischen Anspruch der Anstalten zunächst nicht ein.

Mit Johann Schröder lässt sich im ehemaligen Katharinenkloster erstmalig ein Akteur nachweisen, der sich aktiv und intensiv für die Verbesserung der Lebens- und Behandlungsumstände der geistig differenten Insassen einsetzte – nicht nur in der Irrenanstalt, sondern auch im zur Zeit seiner Amtsübernahme noch lange Jahre bestehenden Zucht- und Werkhaus. Obwohl der Rat Schröders Bemühungen mehrfach in höchsten Tönen lobte, war Schröder selbst mit dem, was er in dieser Hinsicht in seinen ersten zehn Amtsjahren erreicht hatte, bei weitem nicht zufrieden. So klagte er:

Die dem Heilszweck entgegenstehenden offenbarsten Mängel wollte ich beseitigen; es ist mir auf dem eingeschlagenen Wege nicht gelungen. Danach werde ich nicht aufhören, zu thun, was Pflicht und Gewissen von mir fordern. Ich werde mit Beistand unsers Vorstehers einige Einrichtungen treffen zur Abhaltung schädlicher Einflüsse, ich werde eine geregelte Lebensweise einzuführen und den Gedanken an Gott, wo er unter lasterhaften Gewohnheiten, sittlicher und moralischer Entartung längst untergegangen ist, aufs kräftigste zu wecken suchen, und die Geeigneten zum fleißigen Besuch des Gottesdienstes in unsere Kapelle anhalten, ich werde unsern Hrn. Inspector und Geistlichen bitten, das Stift recht oft zu besuchen, um ihre Bemühungen mit den meinigen zu vereinigen, und hoffe

---

[107] AHR 1.1.3.13. Nr. 781, hier Schreiben vom 15.09.1823.

mit der Zeit Sie zu einem Besuch einladen zu können, der Ihren teilnehmenden Herren wohlthuender sein wird, als die bisherigen es sein konnten.[108]

Problematisch gestaltete sich insbesondere Schröders Verhältnis zum Zuchthausinspektor Erichson, welcher sein Amt 1843 aufgenommen hatte. Die aufgetretenen Schwierigkeiten waren für Schröder eine neue und überaus unangenehme Erfahrung, denn bis zu diesem Zeitpunkt hatte die Zusammenarbeit zwischen Arzt, Inspektor und den weiteren Angestellten problemlos funktioniert. Schröder monierte 1845 jedoch, dass unter Erichsons Leitung das Institut seiner übernommenen Verpflichtung zur gewissenhaften Behandlung der Kranken nicht mehr nachkommen könne und der Erfolg der Letzteren gänzlich *von der Einsicht und dem guten Willen* Erichsons abhänge. Einsicht und guter Wille seien aber kaum vorhanden, stattdessen herrschten *Gutdünken, eingebildetes Besser-Wissen und Können* sowohl durch den Inspektor als auch durch die Wärter, es würden weiterhin *unwürdige Leidenschaften entfesselt ihr Wesen treiben, Kranke gegen Kranke [...], Wärter gegen Wärter [...], diese gegen den Arzt aufgereizt werden, und Dinge sich ereignen, die seit dem 20jährigen Bestehen des Instituts keiner der Fungierenden erlebt hat.*[109] Sowohl Erichson als auch die Wärter hielten sich in ihren Handlungen zwar an ihre vom Rat erhaltenen Dienstinstruktionen, diese enthielten jedoch nur sehr allgemeine Anweisungen zum Umgang mit geistig differenten Personen (welche zu jenem Zeitpunkt bereits den Großteil der im ehemaligen Katharinenkloster untergebrachten Personen ausmachten) und äußerten sich in keiner Weise über das Verhältnis zum Arzt. Schröder sah sich in seiner medizinischen Expertise laufend untergraben und forderte die Abänderung dieses Missstandes sowie die Erweiterung der bestehenden Instruktionen zugunsten seiner Autorität, anderenfalls könne es gut sein, *daß man zu dem tyrannischen Gebrauch früherer Jahre* zurückkehrte. Der Rat kam seiner Forderung hinsichtlich der Anerkennung der absoluten Autorität der ärztlichen Anordnungen aller die geistig differenten Insassen betreffenden Angelegenheiten wenig später nach und revidierte die bestehenden Instruktionen.[110] Zum weiteren Verlauf des Konflikts zwischen Schröder und Erichson schweigen die Akten. Der Kampf um die Ausweitung des ärztlichen Handlungsspielraumes und der Anerkennung der medizinischen Expertise und Autonomie

---

[108] AHR 1.1.3.16. Nr. 133/2, hier Schreiben vom 06.02.1845.

[109] AHR 1.1.3.16. Nr. 133/2, hier Schreiben 15.06.1845, Hervorhebungen durch Schröder.

[110] AHR 1.1.3.16. Nr. 169, Ergänzung der Instruktionen Erichsons (ursprünglich ausgestellt am 04.10.1843) vom 24.08.1845.

in der Rostocker Irrenanstalt vollzog sich ähnlich auch in zahlreichen anderen
Irrenanstalten der ersten Hälfte des 19. Jahrhunderts.[111]

Zur selben Zeit drängte sich ein weiteres, bekanntes Problem des Zucht-
und Werkhauses und der St. Katharinen-Stiftung auf. Obwohl schon die Vorsteher der Straf- und Besserungsanstalt in den 1820er Jahren im Zuge des Ankaufs
der ehemaligen Katharinenkirche mit dem Missstand argumentiert hatten, es sei
nicht mehr tragbar, geistig differente Menschen nach wie vor undifferenziert mit
Verbrechern und anderen sozial devianten Menschen in einer Besserungsanstalt
zu internieren, blieb auch nach Eröffnung der St. Katharinen-Stiftung ein erheblicher Teil dieser Insassen in der sogenannten alten Irrenanstalt untergebracht.
Im Jahr 1840 kamen etwa auf 51 Personen in der St. Katharinen-Stiftung 55
Insassen im Zucht- und Werkhaus, von denen 27 in der alten Irrenanstalt saßen,
24 Personen in der Arbeitsanstalt und insgesamt nur 4 als Züchtlinge interniert
waren.[112] Damit war der ursprüngliche Zweck der Institution zwar stark erlo-
schen, *die Nützlichkeit der Anstalt [...] aber dadurch nicht gemindert*, wie es in
der Rechnung weiter heißt. Die Abnahme der Züchtlingszahl bedingte sich unter
anderem durch zwei Alternativen, welche seit der ersten Hälfte des 19. Jahrhunderts zur Verfügung standen: Verurteilte Straftäter wurden überwiegend der
Strafanstalt Dreibergen bei Bützow überstellt, Insassen des Werkhauses in
Rostock sollten möglichst schnell in das Landarbeitshaus Güstrow abgegeben
werden.[113] Das Rostocker Zucht- und Werkhaus wurde somit von großen Teilen
seiner ursprünglichen Insassenschaft entlastet, sah sich allerdings trotzdem erheblichen Finanzierungsschwierigkeiten ausgesetzt. 1842 veranlasste der Rat erneut eine Untersuchung der Gründe für die Unterbilanz und den pekuniären Verfall des ehemaligen Katharinenklosters. Eine der Ursachen lag eben in der veränderten Zusammensetzung der Stifts-Insassen begründet: Die Insassen der St.
Katharinen-Stiftung waren mit Abstufungen im Komfort in drei bzw. vier Kost-
Klassen eingeteilt. Bei dem überwiegenden Teil der verpflegten Personen handelte es sich um Kostgänger der dritten Klasse, welche einen entsprechend niedrigen Satz zu zahlen hatten. Man hatte sich ursprünglich eine Kostendeckung
insbesondere durch fremde Patienten erhofft, sich hierbei aber verkalkuliert. Zudem sei die Erweiterung der Irrenanstalt eine Spekulation gewesen, zu einer Zeit

---

[111] Vgl. CHMIELEWSKI (wie Anm. 68).

[112] AHR 1.1.3.16. Nr. 169, Notizen zur Zuchthausrechnung 1840. Die Zahlen, die der mecklenburgische Staatskalender hierzu liefert, weichen etwas von denen der Rechnung ab, zumal
führte der Staatskalender die geistig differenten Insassen beider Anstalten offenbar gemeinsam als zur St. Katharinen-Stiftung gehörend. Vgl. [Staatskalender 1841], S. 213, 244.

[113] Hier und im Folgenden AHR 1.1.3.16. Nr. 169, insb. die Nummern 44-47, 51-61, 72.

als ähnliche Anstalten noch seltener und die Nahrungsmittel wohlfeiler waren.[114] Offenbar hatte man sich damit zwar an auswärtigen Zuständen orientiert, konnte nun aber der Konkurrenz, etwa auch der 1830 eröffneten Anstalt Sachsenberg bei Schwerin, nicht standhalten. Es fehlte folglich an zahlungsfähigem Klientel. Die Unterfinanzierung war so schwerwiegend, dass man erwog, das Katharinenstift als Heilanstalt für Fremde ganz zu schließen – zur Behandlung Einheimischer könne es allerdings nicht entbehrt werden. Ein Jahrzehnt später hatten sich die finanziellen Missstände derart verschlimmert, dass der Rat endgültig die Reorganisation des Zuchthauses veranlasste. Die letzten Strafgefangenen wurden nach Dreibergen überführt, das Zuchthaus als solches 1855 geschlossen. Das Werkhaus wurde zu einem zunächst vom Armenkollegium verwalteten Arbeitshaus umgewandelt, die aufzunehmenden Zielgruppen stark mit Entlastung durch das Landarbeitshaus Güstrow eingeschränkt. Teile des ehemaligen Zuchthauses wurden der St. Katharinen-Stiftung zum weiteren Ausbau und zur Verbesserung derselben einverleibt, da ihre *Frequenz und der gute Ruf [...] im Zunehmen begriffen*[115] waren. Die folgenden Umbauten sollten dabei dazu dienen, *der Anstalt ein freundliches Ansehen zu geben*, neben zweckmäßigen Umbauten war etwa ein Neuanstrich der Zimmer geplant. Der eigentliche Grund war jedoch, *den Reconvalescenten aus den besseren Ständen einen separirten und angenehmeren Aufenthalt zu bieten*, also die Anstalt für potentiell zahlungsfähiges Klientel attraktiver zu machen und die Zahl der Kostgänger erster Klasse zu erhöhen. Von der weiteren Reorganisation blieb die Stiftung unberührt. Zumindest anfänglich scheinen die Umstrukturierungen den gewünschten Erfolg erbracht zu haben. In einem im April 1856 verfassten Bericht über den Zustand beider Institutionen wird betont, dass sie sich nun *ohne weiteren speciellen Zuschuß der Stadtcasse erhalten* könnten.[116]

Auch wenn die Akten diesbezüglich schweigen, ist davon auszugehen, dass die letzten geistig differenten Insassen des multifunktionalen Zucht- und Werkhauses bei dessen organisatorischer Auflösung der Stiftung überstellt wurden. Mit der Auflösung des Zucht- und Werkhauses endete ein Kapitel des Rostocker Umgangs mit geistig differenten Personen. 1865 übergab Schröder das Amt als Arzt Rostocks erster Irrenanstalt an seinen Nachfolger Wilhelm Passow.[117] Gleichzeitig stand der Bau einer zweiten Irrenanstalt in Rostock zu

---

[114] AHR 1.1.3.16. Nr. 169, Schreiben vom 28.07.1843.

[115] Hier und im Folgenden AHR 1.1.3.16. Nr. 169, Schreiben vom 12.03.1856.

[116] AHR 1.1.3.16. Nr. 169, Schreiben vom 26.04.1856.

[117] Vgl. WILLGEROTH (wie Anm. 71), S. 261.

universitären Lehrzwecken und der Entlastung der überfüllten Irrenanstalt Sachsenberg und der vorübergehend eingerichteten Zweigstelle Dömitz zur Diskussion. Aus politischen Gründen konnte dieses Vorhaben schließlich erst Ende des 19. Jahrhunderts mit Gründung der Heil- und Pflegeanstalt in Gehlsheim realisiert werden.[118]

---

[118] MIESCH (wie Anm. 86), S. 15-21.

Kinder-„Euthanasie" in Mecklenburg (1941–1945)
Die Kinderfachabteilung Lewenberg-Sachsenberg (Schwerin)

VON KATHLEEN HAACK

Den Morden an psychisch Kranken und Behinderten fielen zwischen 1939 und 1945 hunderttausende Menschen zum Opfer. In die Tötungen – von den Nationalsozialisten euphemistisch als „Euthanasie" bezeichnet – wurden auch mehrere tausend Kinder einbezogen, nach heutigem Kenntnisstand etwa 5 000 bis 6 000.[1] Ihr Weg in die Vernichtung konnte auf mehreren Ebenen stattfinden: in den so genannten Kinderfachabteilungen, die im Zuge der Kinder-„Euthanasie" entstanden waren, im Rahmen der „Aktion T4", bei der auch Minderjährige der Vergasung in den „Euthanasie-Anstalten" zum Opfer fielen, bei dem „regionalisierten Patientenmord" in Kliniken, Anstalten oder Heimen und schließlich auch in den so genannten „Jugendschutzlagern", die nichts anderes als Konzentrationslager für schwer erziehbare Jugendliche waren.

Die historische Auseinandersetzung mit der Kinder- und Jugendpsychiatrie begann verstärkt um die Jahrtausendwende. Besondere Impulse, sich für die Geschichte des Faches zu interessieren, erwuchsen aus der Beschäftigung mit der Zeit des Nationalsozialismus und der dort verübten Verbrechen. Die umfangreiche Literatur, deren Schwerpunkt zunächst auf der Arbeit des „Reichsausschusses zur wissenschaftlichen Erfassung erb- und anlagebedingter schwerer Leiden" in Berlin sowie den Kinderfachabteilungen lag[2], folgten Untersu-

---

[1] Vgl. SCHMUHL, Hans-Walter: Medizinische Praxis. In: JÜTTE, Robert / ECKART, Wolfgang U. / SCHMUHL, Hans-Walter / SÜß, Winfried (Hrsg.): Medizin und Nationalsozialismus: Bilanz und Perspektiven der Forschung. Göttingen 2011, S. 179–266.

[2] Hierfür sei vor allem auf die Arbeiten von Benzenhöfer verwiesen: BENZENHÖFER, Udo: „Kinderfachabteilungen" und „NS-Kindereuthanasie". Wetzlar 2000 sowie DERS.: Genese und Struktur der ‚NS-Kinder- und Jugendlicheneuthanasie'. In: Monatsschrift für Kinderheilkunde 151 (2003), S. 1012–1019. Vgl. zudem KÄLBER, Lutz / REITER, Raimond: Kindermord und „Kinderfachabteilungen" im Nationalsozialismus: Gedenken und Forschung. Hamburg, 2001 sowie LEHMKUHL, Ulrike / LEHMKUHL, Gerd: Die bisherige Auseinandersetzung und Aufarbeitung der „Euthanasie" im Nationalsozialismus durch die deutsche Kinder- und Jugendpsychiatrie. In: Zeitschrift für Kinder- und Jugendpsychiatrie und Psychotherapie, 41

chungen, die sich dem Thema im Gesamtkontext der NS-Gesundheits- und Verwaltungspolitik näherten.[3] Ermöglicht wurde eine solche breit angelegte Sichtweise durch die jüngere historische und sozialwissenschaftliche Forschung, bei der der „Euthanasie"-Komplex verstärkt im Zusammenhang der Verzahnung von Medizin und Gesellschaft und damit im Kontext gesundheitspolitischer und ökonomischer Erwägungen betrachtet wird.[4]

Für Mecklenburg muss konstatiert werden, dass die Tötung psychisch kranker und behinderter Menschen lange Zeit ein vernachlässigtes Thema war. Die Forschung im Bereich der Erwachsenen-„Euthanasie" konnte in den letzten

---

(2013) (Sonderheft), S. 4–11. Einen guten Überblick zum „Euthanasie"-Komplex bietet SCHMUHL (wie Anm. 1).

[3] BEDDIES, Thomas: Kinder und Jugendliche in der brandenburgischen Heil- und Pflegeanstalt Görden als Opfer der NS-Medizinverbrechen. In: HÜBENER, Kristina (Hrsg.): Brandenburgische Heil- und Pflegeanstalten in der NS-Zeit. Berlin 2002, S. 129–154; BEDDIES, Thomas / HÜBENER, Kristina (Hrsg.): Kinder in der NS-Psychiatrie. Berlin 2004; TOPP, Sascha: Der „Reichsausschuß zur wissenschaftlichen Erfassung von erb- und anlagebedingten schweren Leiden". Zur Organisation der Ermordung minderjähriger Kranker im Nationalsozialismus 1939–1945. In: BEDDIES, Thomas / HÜBENER, Kristina (Hrsg.): Kinder in der NS-Psychiatrie. Berlin 2004, S. 17–54; BERGER, Ernst (Hrsg.): Verfolgte Kindheit – Kinder und Jugendliche als Opfer der NS-Sozialverwaltung. Wien 2010; HAACK, Kathleen / KUMBIER, Ekkehardt: Verbrechen an Kindern und Jugendlichen während der NS-Zeit. In: Zeitschrift für Kinder- und Jugendpsychiatrie und Psychotherapie, 41 (2013) (Sonderheft), S. 12–19.

[4] Bereits Ende der 1980er Jahre wiesen Peukert und Weindling darauf hin, dass unter dem Bedingungsrahmen des Zweiten Weltkrieges neben der eugenisch und rassisch motivierten Diskriminierung verstärkt wirtschaftliche Faktoren zur Aussonderung und schließlich Tötung so genannter „Lebensunwerter" und „Unnützer" führten. PEUKERT, Detlev: „Alltag und Barbarei: Zur Normalität des Dritten Reiches". In: DINER, Dan (Hrsg.): Ist der Nationalsozialismus Geschichte? Frankfurt 1988, S. 51–61; DERS.: Rassismus und „Endlösungs"-Utopie. Thesen zur Struktur der nationalsozialistischen Vernichtungspolitik. In: KLEßMANN, Christoph (Hrsg.): Nicht nur Hitlers Krieg. Der Zweite Weltkrieg und die Deutschen. Düsseldorf 1989, S. 71–81; WEINDLING, Paul: Health, race and German politics between national unification and Nazism: 1870–1945. Cambridge 1989. Diese Überlegungen spielten in den Arbeiten zur „Euthanasie"-Forschung zunächst eine eher untergeordnete Rolle. Erst mit Süß und Roelcke rückten sie zunehmend ins Forschungsinteresse und ermöglichten umfassendere Erklärungsansätze. SÜß, Winfried: Der „Volkskörper" im Krieg: Gesundheitspolitik, Gesundheitsverhältnisse und Krankenmord im nationalsozialistischen Deutschland 1939–1945. München 2003; ROELCKE, Volker: Wissenschaft zwischen Innovation und Entgrenzung: Biomedizinische Forschung an den Kaiser-Wilhelm-Instituten 1911–1945. In: BRÜNE, Martin / PAYK, Theo R. (Hrsg.): Sozialdarwinismus, Genetik und Euthanasie. Stuttgart 2004, S. 92–109; DERS.: Medizin im Nationalsozialismus. In: FANGERAU, Heiner, POLIANSKI, Igor J. (Hrsg.): Medizin im Spiegel ihrer Geschichte, Theorie und Ethik. Schlüsselthemen für ein junges Querschnittsfach. Stuttgart 2012, S. 35–50.

Jahren jedoch deutliche Fortschritte verzeichnen.[5] Hingegen muss für die Aufarbeitung der Verbrechen an Kindern und Jugendlichen angemerkt werden, dass diese bisher allenfalls marginal erfolgte.[6] Ein Grund besteht darin, dass der administrative und Krankenaktenbestand der Heil- und Pflegeanstalt Sachsenberg-Lewenberg erst seit kurzem (2014) für die Forschung zugänglich ist. Es werden sich künftig also neue Aspekte für die Heil- und Pflegeanstalt für geistesschwache Kinder Lewenberg – seit 1935 unter der Verwaltung der Sachsenberger Anstalt – ergeben. Und vor allem aber lassen sich neue Einsichten über die seit August 1941 auf dem Sachsenberg eingerichtete Kinderfachabteilung gewinnen,

---

[5] Erst Ende 2014 ist erstmals ein Aufsatz erschienen, der einen Gesamtüberblick über die Geschehnisse im Bereich der Erwachsenen-„Euthanasie" für ganz Mecklenburg gibt. HAACK, Kathleen / KUMBIER, Ekkehardt: Verbrechen an psychisch Kranken und Behinderten in Mecklenburg während der NS-Zeit. In: Trauma und Gewalt, 8 (2014), S. 272–284. Insgesamt zeigt sich, dass die Arbeiten über einzelne Anstalten, Opfergruppen oder Täter in den letzten Jahren kontinuierlich angewachsen sind: MIESCH, Ines: Die Heil- und Pflegeanstalt Gehlsheim: Von den Anfängen bis 1946. Rostock 1996; BROOCKS, Andreas: Die Geschehnisse auf dem Sachsenberg im Rahmen des nationalsozialistischen Euthanasieprogramms. Schwerin 2007; HAACK, Kathleen / KUMBIER, Ekkehardt / HERPERTZ, Sabine C.: Erinnern – Betrauern – Wachrütteln: Zum Gedenken an die Opfer von Zwangssterilisationen und „Euthanasie" in der Zeit des Nationalsozialismus in Rostock. In: Schriftenreihe der Deutschen Gesellschaft für Nervenheilkunde, 15 (2009), S. 215–228; HAACK, Kathleen / KUMBIER, Ekkehardt: Lebensspuren: Opfer der Rostocker Psychiatrischen und Nervenklinik während der Zeit des Nationalsozialismus. In: Trauma und Gewalt, 4 (2010), S. 282–292; LANGE, Catalina: Therapieveränderungen in der Heil- und Pflegeanstalt Sachsenberg Schwerin von 1925 bis 1950. Diss. med., Universität Rostock 2012; WITZKE, Christiane: Domjüch: eine Landesirren-, Heil- und Pflegeanstalt in Mecklenburg; Erinnerungen. (2. Aufl.), Friedland 2012; HAACK, Kathleen, HÄSSLER, Frank / KUMBIER, Ekkehardt: Lebensunwert? Menschen mit Behinderungen im Wandel der Zeit unter besonderer Berücksichtigung der Rostocker Verhältnisse im Nationalsozialismus. In: Schriftenreihe der Deutschen Gesellschaft für Nervenheilkunde, 19 (2013), S. 399–418; PINK, Jörg: Johannes Fischer (1881–1945). Zum Lebensweg eines norddeutschen Psychiaters zwischen Kaiserzeit und Nationalsozialismus. In: Schriftenreihe der Deutschen Gesellschaft für Nervenheilkunde, 20 (2014), S. 301–313.

[6] PELZ, Lothar: Mecklenburgische Kinderärzte und NS-„Kindereuthanasie". In: KUMBIER, Ekkehardt / TEIPEL, Stefan / HERPERTZ, Sabine C. (Hrsg.): Ethik und Erinnerung. Zur Verantwortung der Psychiatrie in Vergangenheit und Gegenwart. Lengerich 2009, S. 59–69; PIPER, Joachim: „Lobetal habe ich räumen lassen" – Arbeit und Schicksal der Lübtheener Diakonissen. Celle 2010; HAACK, Kathleen / HÄSSLER, Frank / KUMBIER, Ekkehardt: Nationalsozialistische „Kindereuthanasie" – Das Beispiel Günter Nevermann. Zur Verantwortung der Kinder- und Jugendpsychiatrie in Vergangenheit, Gegenwart und Zukunft. In: Zeitschrift für Kinder- und Jugendpsychiatrie und Psychotherapie, 41 (2013), S. 173–179; HAACK, Kathleen, HÄSSLER, Frank, KUMBIER, Ekkehardt: „Kindereuthanasie" in Mecklenburg – Zum Schicksal der „Sonnenlandkinder" aus Lobetal (Lübtheen). In: Trauma und Gewalt, 8 (2014), S. 286–293.

einschließlich der Verlegungen und Einweisungen von Kindern und Jugendlichen in diese. Insofern ist bereits angedeutet, dass die folgenden Ausführungen keine umfassende Erläuterung der Ereignisse in der Kinderfachabteilung Lewenberg-Sachsenberg in der Zeit von 1941–1945 darstellen werden. Neben der Genese und Struktur der Kinder-„Euthanasie" wird es vor allem darum gehen, ein Einzelschicksal aufzeigen, ohne jedoch Täter aus dem Blick zu verlieren.

Genese und Struktur der Kinder-„Euthanasie"

Seit August 1939 nahm die systematische Erfassung von behinderten Neugeborene und Kleinkindern konkrete Gestalt an. Am 18. des Monats wurde durch das Reich innenministerium eine als geheime Reichssache deklarierte Meldepflicht „für mis gestaltete usw. Neugeborene" erlassen. Darin wurde verfügt, dass Hebammen ur Ärzte an den „Reichsausschuss zur wissenschaftlichen Erfassung erb- und anlage bedingter schwerer Leiden" in Berlin all jene Kinder zu melden haben, die an fo genden Krankheiten litten:

1. Idiotie sowie Mongolismus
    (besondere Fälle, die mit Blindheit und Taubheit verbunden sind)
2. Mikrocephalie, (abnorme Kleinheit des Kopfes, besonders des Hirnschädels)
3. Hydrocephalus (Wasserkopf) schweren bzw. fortschreitenden Grades,
4. Mißbildungen
5. Lähmungen einschl. Littlescher Erkrankung. [7]

Die Vorbereitungen zur Erfassung und Aussonderung hatten spätestens im Frühjahr 1939 begonnen. Ein streng bürokratisch geregeltes Netzwerk, in dessen Mitte die Kanzlei des Führers stand, organisierte die Erfassung, Begutachtung, Aussonderung und schließlich Tötung der Kinder, die den Maßstäben an einen gesunden „Volkskörper" nicht entsprachen.[8] Hans Hefelmann (1906–1986), Richard von Hegener (1905–1981) und Viktor Brack (1904–1948) als Vertreter der Kanzlei des Führers sowie Herbert Linden (1899–1945) vom Reichsinnenministerium waren in die Vorbereitungen involviert. Als medizinische Sachverständige wurden die Pädiater Werner Catel (1894–1981), Direktor der Universitäts-Kinderklinik Leipzig, und Ernst Wentzler (1891–1973), Leiter der privaten Kinderklinik Berlin-Frohnau, sowie der Kinder- und Jugendpsychi-

---

[7] Runderlass des Reichsministers des Inneren vom 18.8.1939 – IVb 3088/39 – 1079 Mi.

[8] Zur Organisation des Reichsausschusses vgl. vor allem TOPP (wie Anm. 3).

ater Hans Heinze (1895–1983), Leiter der Anstalt Brandenburg-Görden, hinzugezogen. Sie entschieden anhand der von den Hebammen und Ärzten ausgefüllten und nach Berlin zurückgesandten Meldungen über die Selektion der Kinder. Zunächst war die Meldepflicht auf Vollendung des dritten Lebensjahres beschränkt, 1941 wurde sie auf 16 Jahre heraufgesetzt.[9] Ziel war eine vollständige Erfassung der als erbkrank geltenden Kinder und Jugendlichen, vor allem auch derjenigen, die in Familien untergebracht waren.

Die im Rahmen des Reichsausschussverfahrens Selektierten wurden dann in den so genannten Kinderfachabteilungen, die im Allgemeinen pädiatrischen oder psychiatrischen Kliniken angeschlossen waren, von Ärzten exploriert und beobachtet, um schließlich nach deren Bildungsfähigkeit und Brauchbarkeit beurteilt zu werden. Ihre Ergebnisse meldeten die Ärzte an den Reichsausschuss nach Berlin. Die medizinischen Gutachter Catel, Wentzler und Heinze entschieden anhand dieser Informationen über Leben und Tod der Kinder; letzteres euphemistisch als „Ermächtigung zur Behandlung" bezeichnet. Dass den Ärzten vor Ort eine entscheidende Rolle beim Selektions- und Tötungsprozess zukam, versteht sich von selbst. Pflegeaufwendige und als störend klassifizierte Kinder und Jugendliche hatten ein erhöhtes Risiko getötet zu werden.[10]

Die erste Kinderfachabteilung war im brandenburgischen Görden unter Leitung von Hans Heinze entstanden. Mehr als 30 solcher Einrichtungen[11] folgten, die meisten nach dem Abbruch der systematischen Ermordung psychisch Kranker und Behinderter im Rahmen der „Aktion T4" im August 1941. (Abb. 1) In Mecklenburg lässt sich die Errichtung der Kinderfachabteilung auf den 19. August 1941 datieren. Ab diesem Zeitpunkt wurden Kinder und Jugendliche von der Heil- und Pflegeanstalt für geistesschwache Kinder Lewenberg auf den Sachsenberg verlegt, um dort systematisch ermordet zu werden.

---

[9] ALY, Götz: Aktion T4 1939–1945. Die „Euthanasie"-Zentrale in der Tiergartenstraße 4. Berlin 1989, S. 131.

[10] So ist etwa aus der Kinderfachabteilung Loben (heute Lubliniec, Polen) bekannt, dass die verantwortliche Ärztin Elisabeth Hecker (1895–1986) Befundberichte nach Berlin mit der direkten Aufforderung zur „Ermächtigung" oder einer tendenziösen Färbung versah. Vgl. DAHL, Matthias: Dr. Elisabeth Hecker (1895–1986): Verdienste als Kinder- und Jugendpsychiaterin einerseits – Beteiligung an der Ausmerzung Behinderter andererseits. In: Praxis der Kinderpsychologie und Kinderpsychiatrie, 52 (2003), S. 98-108; HAACK / KUMBIER: (wie Anm. 3); HAACK, Kathleen / HÄßLER, Frank / KUMBIER, Ekkehardt: „Irgend eine angenehme Seite ist bei dem Jungen nicht zu entdecken" – Aspekte der „Kindereuthanasie" in Schlesien. In: Praxis der Kinderpsychologie und Kinderpsychiatrie, 62 (2013), S. 391-404.

[11] Die genaue Zahl der Kinderfachabteilungen ist nicht bekannt, als verifiziert gelten 31. Vgl. TOPP (wie Anm. 3), hier S. 23.

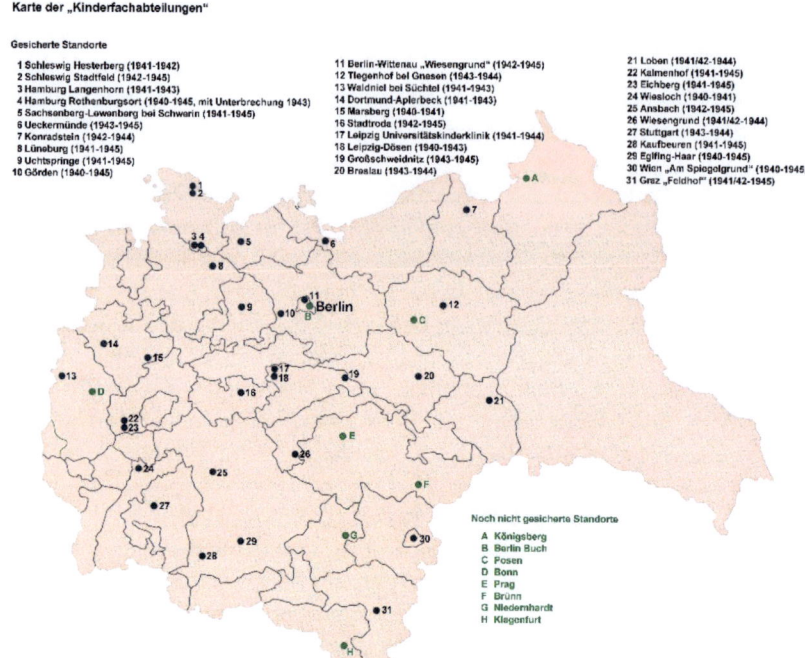

Karte der „Kinderfachabteilungen"

Gesicherte Standorte

1 Schleswig Hesterberg (1941-1942)
2 Schleswig Stadtfeld (1942-1945)
3 Hamburg Langenhorn (1941-1943)
4 Hamburg Rothenburgsort (1940-1945, mit Unterbrechung 1943)
5 Sachsenberg-Lewenberg bei Schwerin (1941-1945)
6 Ueckermünde (1943-1945)
7 Konradstein (1942-1944)
8 Lüneburg (1941-1945)
9 Uchtspringe (1941-1945)
10 Görden (1940-1945)

11 Berlin-Wittenau „Wiesengrund" (1942-1945)
12 Tiegenhof bei Gnasen (1943-1944)
13 Waldniel bei Süchtel (1941-1943)
14 Dortmund-Aplerbeck (1941-1943)
15 Marsberg (1940-1941)
16 Stadtrode (1942-1945)
17 Leipzig Universitätskinderklinik (1941-1944)
18 Leipzig-Dösen (1940-1943)
19 Großschweidnitz (1943-1945)
20 Breslau (1943-1944)

21 Loben (1941/42-1944)
22 Kalmenhof (1941-1945)
23 Eichberg (1941-1945)
24 Wiesloch (1940-1941)
25 Ansbach (1942-1945)
26 Wiesengrund (1941/42-1944)
27 Stuttgart (1943-1944)
28 Kaufbeuren (1941-1945)
29 Eglfing-Haar (1940-1945)
30 Wien „Am Spiegelgrund" (1940-1945)
31 Graz „Feldhof" (1941/42-1945)

Noch nicht gesicherte Standorte

A Königsberg
B Berlin Buch
C Posen
D Bonn
E Prag
F Brünn
G Niedernhardt
H Klagenfurt

Abbildung 1
Karte der Kinderfachabteilungen im Deutschen Reich

„Euthanasie" in Mecklenburg

Kinder-„Euthanasie" in Mecklenburg kann nur im Zusammenhang mit anderen Formen der „Euthanasie", vor allem mit der „Aktion T4" sowie dem regionalisierten Patientenmord verstanden werden, und dies im Kontext der Planung, Organisation, Steuerung und Finanzierung des Gesundheitssystems unter dem Bedingungsrahmen des Zweiten Weltkriegs. Letztendlich ging es um die Verteilung begrenzter ökonomischer Ressourcen vor dem Hintergrund der Aufrechterhaltung der medizinischen Versorgung der Bevölkerung sowie des Heeres.

So war es augenscheinlich bereits 1939 in vielen Gebieten des Deutschen Reiches zur Zweckentfremdung psychiatrischer Betten für Reservelazarette sowie den zivilen Luftschutz gekommen.[12] Die Psychiatrische und Nervenklinik Rostock-Gehlsheim musste zwischen dem 4. und 7. September 1939 beinahe die Hälfte der Gesamtbettenzahl für diese Zwecke umfunktionieren. Unter den 220 nach Domjüch, dem Sachsenberg und laut einer Zeugenaussage auch Neustadt (Holstein?)[13] verlegten Rostocker Patienten wurden viele Opfer der „Euthanasie"-Transporte vom Juli und August 1941.[14] Die Verdrängung psychiatrischer Patienten sollte ab 1941 enorme Ausmaße annehmen, sodass man ab 1943 nur noch von einer „restpsychiatrischen Versorgung" in Mecklenburg sprechen kann. Die von Süß beschriebenen *Verdrängungsketten*, bei denen Psychiatriepatienten der geringste Stellenwert zugesprochen wurde, zeigen sich auch hier deutlich.[15] Entsprechend der Priorisierung des Reichsbeauftragten für die Heil- und Pflegeanstalten Herbert Linden sollten Heil- und Pflegeanstalten in 1. Krankenhäuser, 2. Tuberkuloseheilstätten, 3. Alterskrankenhäuser und Pflegeheime und 4. Altenheime umgewandelt werden.[16]

Diese Vorgaben wurden auch für die mecklenburgischen Einrichtungen umgesetzt. Die Anstalt Domjüch wurde am 26. März 1943 als psychiatrische Anstalt geschlossen und fungierte fortan als Tuberkulosekrankenhaus. In Rostock-Gehlsheim waren Ende 1943 nur noch wenige Psychiatriepatienten untergebracht, sodass der Leiter der Abteilung Medizinalangelegenheiten des Mecklenburgischen Staatsministeriums Karl-Erich Marung (1876–1961) resümierte, dass *lediglich etwa 70 alte defekte Geisteskranke, die einer besonderen Pflege und Wartung nicht benötigen,* in Gehlsheim verblieben sind. *Zu etwa 90 % finden akute Kranke Aufnahme, die als Klinikfälle behandelt werden müssen [...] Die Anstalt Gehlsheim kann [...] als Heil- und Pflegeanstalt kaum noch angesprochen werden.*[17] Und was geschah auf dem Sachsen- bzw. Lewenberg?

Klar ist, dass diese Einrichtung als Drehkreuz von Patientenverlegungen innerhalb Mecklenburgs fungierte, aber auch Patienten aus Pommern sowie aus dem Westen Deutschlands und aus Hamburg im Rahmen der „Aktion Brandt"

---

[12] BORGSTEDT, Angela: Auftakt zur Vernichtung. Der Polenfeldzug und die „Aktion T4. In: Tribüne 48 (191), (2009), S. 125–131.

[13] Bundesbeauftragte für die Stasiunterlagen (BStU) AR 8, Bl. 34.

[14] Zu den einzelnen „Euthanasie"-Transporten im Rahmen der „Aktion T4" vgl. für Mecklenburg HAACK / KUMBIER (wie Anm. 5).

[15] SÜß (wie Anm. 4), hier S. 327 ff.

[16] Bundesarchiv (BA) R 96/I/7.

[17] Landeshauptarchiv Schwerin (LHAS) 5.12-7/11 Nr. 10063.

aufnahm.[18] Zudem hatte die Anstalt *Sachsenberg bereits vor Einsetzen der plan-wirtschaftlichen Maßnahmen* [„Aktion T4", K. H.] *2 Parkhäuser zu je 40–50 Betten der Verwaltung des Stadtkrankenhauses Schwerin zur Aufnahme von Kindern, die an Scharlach oder Diphtherie leiden, zur Verfügung gestellt.*[19] Mit den zwei „Euthanasie"-Transporten vom 18. Juli und 1. August 1941 in die Tötungs-anstalt Bernburg waren auf einen Schlag 275 Betten auf dem Sachsenberg frei geworden. Nun konnte man dazu übergehen, den Lewenberg *für unsere Sozial-zwecke frei zu [machen],*[20] wie es der Gauleiter und Reichsverteidigungskommissar für den Reichsverteidigungsbezirk Mecklenburg, Friedrich Hildebrandt (1898–1948), ausdrückte. Dies bedeutete nichts anderes, als dass chronisch kranke Psychiatriepatienten sowie geistig Behinderte von der medizinischen und sozialen Versorgung ausgeschlossen und schließlich getötet werden sollten. Platz für die Schwächsten der Gesellschaft, Kranke, Behinderte, Alte und schließlich auch geistig und körperlich retardierte Kinder und Jugendliche, bei denen der Wert des Einzelnen aus der jeweiligen biologischen und ökonomischen Teilhabe am „Volkskörper" abgeleitet wurde, war dabei nicht vorgesehen.[21]

Kinderfachabteilung Lewenberg-Sachsenberg und Kinder-„Euthanasie"

Bereits seit April 1941 ist die Tendenz erkennbar, die Heil- und Pflegeanstalt Lewenberg zu räumen. Hildebrandt hatte sich auf der Tagung der Gauamtsleiter, Kreisleiter und Landräte am 15. April des Jahres wie folgt geäußert: *Ich muß Lewenberg frei haben [...] Der Führer hat angeordnet, daß dieser frei gemachte Raum ausschließlich der Volksgesundheit zugeführt werden muß.*[22] Am 10. April und 10. Juni 1941 wurden insgesamt 38 vorwiegend geistig behinderte Erwachsene, die zumeist seit ihrer Kindheit in dieser Einrichtung gelebt hatten, vom Lewen- zum Sachsenberg verlegt. Am 1. August 1941 wurden 13 von ihnen in dem „Euthanasie"-Transport nach Bernburg gebracht und dort vergast. Waren

---

[18] Vgl. HAACK / KUMBIER (wie Anm. 5).

[19] LHAS (wie Anm. 17).

[20] Zit. nach BUDDRUS, Michael: Mecklenburg im Zweiten Weltkrieg. Die Tagungen des Gauleiters Friedrich Hildebrandt mit den NS-Führungsgremien des Gaues Mecklenburg 1939–1945. Bremen 2009, S. 144.

[21] ROELCKE, Volker: Psychiatrie im Nationalsozialismus: Historische Kenntnisse, Implikationen für aktuelle ethische Debatten. In: Nervenarzt 81(2010), S. 1317-1318, 1320-1322, 1324-1325.

[22] Zit. nach BUDDRUS (wie Anm. 20).

im Oktober 1939 noch 280 Patienten und Zöglinge auf dem Lewenberg versorgt worden, so konstatierte Marung in einem Schreiben an den Reichsbeauftragten für die Heil- und Pflegeanstalten Linden am 15. Dezember 1941, dass *durch planwirtschaftliche Maßnahmen folgende Änderungen eingetreten [seien]: Überführung 200 Kinder auf Sachsenberg.*[23] Bei dieser Zahl handelt es sich um die als nicht bildungsfähig und somit lebensunwert Deklarierten. Lediglich 72 als bildungsfähig und tendenziell brauchbar klassifizierte Kinder und Jugendliche verblieben zunächst auf dem Lewenberg und wurden in der dortigen Anstaltsschule im Basedowhaus weiterhin unterrichtet.

Sehr wahrscheinlich erfolgte die Auswahl der auf den Sachsenberg zwischen August und November 1941 Verlegten in Zusammenarbeit mit dem Reichsausschuss.[24] Trotz der gebotenen Vorsicht bei Zeugenaussagen, die nach dem Zweiten Weltkrieg und zudem in Verteidigungsabsicht vorgebracht worden sind, erscheint die Ausführung des Hauptverantwortlichen an den Kranken- und Behindertenmorden in Schwerin, Oberarzt Alfred Leu (1900–1975), in diesem Punkt glaubhaft, als er vor dem Landgericht Köln 1953 aussagte, dass von den 280 auf dem Lewenberg Untergebrachten 180 auf Veranlassung des Reichsausschusses in Berlin getötet werden sollten:

Für diese 180 Kinder war eine ‚Behandlungserlaubnis' erteilt, was bedeutete, dass diese Kinder auf Anweisung des Reichsausschusses eingeschläfert werden sollten. Diese Kinder waren beim Reichsausschuss auf Grund von formularmässigen Meldungen ausgesucht worden.[25]

Weit weniger glaubhaft sind hingegen seine Ausführungen, dass die diesbezüglichen Anweisungen an den Klinikleiter Johannes Fischer (1881–1945) gingen.[26] Leu war nachweislich persönlich in der Kanzlei des Führers, u. a. bei

---

[23] LHAS (wie Anm. 17). Die frei gewordenen Häuser wurden der Wehrmacht (150 Betten) sowie Tuberkulosekranken (60 Betten) zur Verfügung gestellt.

[24] Im gesamten Krankenaktenbestand der Schweriner Klinik aus dieser Zeit sind lediglich drei schriftliche Hinweise für eine Kooperation mit dem Reichsauschuss überliefert. Mit hoher Wahrscheinlichkeit sind die Krankenakten wohl spätestens 1945 „bereinigt" worden.

[25] DE MILDT, Dick (Hrsg.): Tatkomplex: NS-Euthanasie. Die ost- und westdeutschen Urteile seit 1945. Bd. 2. Amsterdam 2009, S. 368.

[26] Zu Fischer vgl. PINK, Jörg: Johannes Fischer (1881–1945). Zum Lebensweg eines norddeutschen Psychiaters zwischen Kaiserzeit und Nationalsozialismus. In: Schriftenreihe der Deutschen Gesellschaft für Nervenheilkunde, 20 (2014), S. 301–313.

Hans Hefelmann.[27] Sein Name wird auf den Listen der jährlichen Zuwendungen für die Mitarbeiter in den einzelnen Kinderfachabteilungen geführt.[28] Und auch die Aussagen seiner Kollegen, dass er bereits seit Ende 1940 – also vor dem Stopp der zentral organisierten „Aktion T4" – *durch Verabfolgung überdosierter Schlafmittel Tötungen an Geisteskranken*[29] vornahm, sind durchaus denkbar. In diesem Kontext ist zudem die 1947 im so genannten Sachsenbergprozess getätigte Ausführung des Stationspflegers Carl Gräfenitz von Belang. Er äußerte:

> *Bei der Verlegung der Patienten auf den Sachsenberg eröffnete mir Dr. Leu, daß er die frühere Anstalt Lewenberg übernommen hätte und Dr. Leu die Aufgabe hätte, die Anstalt zu ‚liquidieren', und zwar gemäß einer gesetzlichen Bestimmung, die für das ganze Reich gelte.*[30]

Eine solche Aussage wird durch die Mitteilung des Mecklenburgischen Staatsministeriums, Abteilung Inneres und Finanzen, an den Reichsminister der Finanzen in Berlin von 1942 gestützt. Darin wurde angegeben, dass *Die Tätigkeit [...] in der Kinderabteilung Lewenberg [...] im wesentlichen auf den Medizinalrat Dr. Leu über[gegangen]*[31] sei. Zweifelsohne war er der Hauptverantwortliche sowohl bei der Tötung der Erwachsenen als auch im Rahmen der Kinder-„Euthanasie", denn nicht zuletzt legen die Krankenakten selbst beredtes Zeugnis ab. Bei der Mehrzahl der zwischen August 1941 und Mai 1945 verstorbenen – respektive getöteten – Kinder und Jugendlichen bis zum 21. Lebensjahr stammt der letzte Eintrag von Leu. In diesen 45 Monaten sind 434 Kinder und junge Erwachsene[32] verstorben, im Durchschnitt pro Monat beinahe zehn. Zum Vergleich: Zwischen Januar 1933 und Juli 1941 verstarb durchschnittlich ein

---

[27] LHAS 5.12-7/11 Nr. 10228.

[28] BA BS 51/227.

[29] Zit. nach RÜTER-EHLERMANN, Adelheid L. / FUCHS, H. H. / RÜTER, C. F.: Justiz und NS-Verbrechen: Sammlung deutscher Strafurteile wegen nationalsozialistischer Tötungsverbrechen 1945–1966. Bd. 12. Amsterdam 1974, S. 383 a–14.

[30] BA DP 1/ 797.

[31] LHAS (wie Anm. 27).

[32] Nicht eingerechnet sind die Patienten, die zum Zeitpunkt der Verlegung auf den Sachsenberg das 21. Lebensjahr bereits überschritten hatten. Nachweislich sind diese „erwachsenen Lewenberger" zeitnah verstorben.

Kind pro Monat auf dem Lewenberg.[33]

Das Besondere an der Kinderfachabteilung in Schwerin ist der Umstand, dass es sich hierbei nicht um eine gesonderte Abteilung wie bei den meisten anderen handelte. Die Kinder und Jugendlichen wurden auf verschiedene Stationen verteilt und dort getötet. Selbstverständlich ist es nicht auszuschließen, dass sie im Einzelfall eines natürlichen Todes starben. Die meisten wurden jedoch gezielt getötet. Nach einer Zeugenaussage von 1947 soll dies wie folgt vonstatten gegangen sein:

> *Dr. Leu stellte in großen Mengen Veronal, Luminal und Morphium zur Verfügung [...] Wenn Dr. Leu die Beseitigung eines Kranken anordnete, dann bekamen Säuglinge und Kleinkinder bis zu 2 Jahren nur Einspritzungen von 1 bis 2 ccm Morphium, Kinder von 2 bis 6 Jahren dagegen erhielten 2 bis 3 Tabletten Luminal in Milch aufgelöst. Größere Kinder bekamen die gleiche Dosis Luminal, manchmal auch Morphium. Wenn Luminal nicht vorhanden war, dann wurde zu Veronal gegriffen. Im allgemeinen schliefen die Kinder ruhig ein, jedoch wurden in manchen Fällen, in denen der Eintritt des Todes sich verzögerte, noch zusätzliche Dosen Gift in Form von Morphium, Skopolamin-Einspritzungen gegeben.*[34]

Die Zahl 434 stellt keineswegs die Höchstgrenze dar. Nicht alle Krankenakten sind überliefert. Einige Schicksale konnten jedoch mit Hilfe von Quellen aus anderen Archiven sowie aus Privatbesitz eruiert werden. Das folgende Beispiel zeigt nur allzu deutlich, dass die nach 1945 von den Tätern – so auch von Leu – immer wieder vorgebrachte Rechtfertigung, die Tötung der Kinder sei ein Akt der Sabotage gegenüber den „Euthanasiemaßnahmen" gewesen, *um damit die Möglichkeit zu haben, eine entsprechend grössere Zahl sonst verlorener Kinder retten zu können,*[35] eine Farce ist. Im Gegenteil: Mediziner, unter ihnen viele Psychiater, waren nur allzu leicht bereit, ihre Patienten einem höheren, kaum hinterfragten Wissenschaftsideal zu opfern. Auch wenn Karrieredenken, Mitläufertum, Opportunismus eine Rolle gespielt haben mögen, leitend waren sie nicht. Das ideologische Fundament war längst vor 1933 bereitet, eng verknüpft mit

---

[33] Es wird noch differenzierter zu überprüfen sein, ab wann eine signifikant erhöhte Sterberate zu verzeichnen ist. Derzeit ist davon auszugehen, dass bereits seit Ende 1940, spätestens seit Frühjahr 1941 Kinder und Jugendliche getötet wurden.

[34] BA, DP 1/ 797.

[35] RÜTER-EHLERMANN (wie Anm. 29), hier S. 11.

einem seit dem ausgehenden 19. Jahrhundert einsetzenden Prozess der Biologi-
sierung des Sozialen. Vererbungstheorien, getragen von eugenischen Lösungs-
strategien zur Verbesserung und Gesundung des kollektiven Ganzen, prägten die
wissenschaftlichen, sozialen und ökonomischen Debatten. Ärzten kam bei dem,
wie es Schmuhl treffend formuliert hat, *sozialsanitären Großprojekt von welt-
historischer Bedeutung*[36], bei der die Idee der Vernichtung „lebensunwerten Lebens" längst kein Tabu mehr war, ein fundamentaler Einfluss zu. Nicht wenige
stellten ihre Aufgaben ganz bewusst in den Dienst der NS-Gesundheitspolitik.
Dahinter rückten ethische oder moralische Bedenken, wie im Folgenden zu se-
hen sein wird, beinahe vollkommen in den Hintergrund.

Das Schicksal Günter Nevermanns[37]

Abbildung 2
Günter Nevermann um 1941
(Privatbesitz)

Günter Nevermann (Abb. 2) wurde am 5. November 1933 in Wismar geboren.[38] Im Laufe
seines ersten Lebensjahres stellte sich heraus,
dass der Junge die Beine kreuzte, nur schwer
sitzen und ohne Hilfe nicht stehen konnte.
Dies verbesserte sich im Lauf der Zeit auch
kaum. Die behandelnden Ärzte der Orthopä-
dischen und Pädiatrischen Klinik sowie der
Psychiatrischen Poliklinik in Rostock, wo der
Junge mehrfach vorgestellt worden war, be-
merkten im September 1935: *Es ist möglich,
daß es sich [...] um Störungen handelt, die in
der Richtung einer Little'schen Erkrankung
liegen und die dann sehr wahrscheinlich exogen bedingt sind und ihre Ursache vielleicht*

---

[36] SCHMUHL, Hans-Walter: Der Nationalsozialismus als biopolitische Entwicklungsdiktatur.
Konsequenzen für die Kinderheilkunde. Manuskript der Gedenkveranstaltung der Deutschen
Gesellschaft für Kinder- und Jugendmedizin am 18.9.2010 in Potsdam.
https://www.dgkj.de/fileadmin/user_upload/images/Presse/Jahrestagung_2010/Vor-
trag_Schmuhl.pdf (Stand 27.1.2015)

[37] Im Folgenden handelt es sich um eine gekürzte Variante des Aufsatzes HAACK (wie
Anm. 6).

[38] Alle Angaben zu Günter Nevermann entstammen den Ratsakten des Archivs der Hansestadt
Wismar (AHW) bzw. der Krankenakte der Universitäts-Poliklinik für Nervenkranke Rostock.

in cerebralen Blutungen durch die Zangengeburt haben.[39]

Den Möglichkeiten der Zeit entsprechend, wurde Günter Nevermann konservativ mit Spreizbett und -gips behandelt. Eine Einweisung in ein Altersheim lehnte die Mutter 1939 ab. Um die Beschulung des Jungen zu gewährleisten, sollte er dauerhaft in das Elisabethheim Rostock, der ehemaligen Krüppelanstalt der Stadt, aufgenommen werden. Neben der fachärztlichen Betreuung erhielten die Kinder hier eine schulische und, soweit möglich, eine berufliche Ausbildung. Zunächst schien dieses Unterfangen erfolgreich zu sein. Am 27. Februar 1942 wurde dem Wohlfahrtsamt in Wismar durch den leitenden Arzt Dr. Paul-Friedrich Scheel (1883–1959) mitgeteilt:

> *An und für sich kann Günter Nevermann aufgenommen werden, da es uns gelungen ist, für den Patienten ein Bett frei zu machen [...] Ich empfehle die Aufnahme zunächst zum Zwecke der Beobachtung [...] um festzustellen, wie weit der Junge förderungswürdig ist. Vielleicht ist es inzwischen möglich, wie angeregt worden war, durch Sippenuntersuchung festzustellen, wie weit die Familie als förderungswürdig zu betrachten ist. Es empfiehlt sich jedenfalls, die Sippenuntersuchung durchzuführen, bevor der Junge auf die Dauer zur Erziehung und Beschulung aufgenommen wird.*[40]

Es ging hier also schon nicht mehr um das Wohl des einzelnen Kindes. Die Förderungswürdigkeit sollte anhand der Sippe, der kleinsten Zelle der „Volksgemeinschaft", festgestellt werden. Nationalsozialistische Erziehung stellte nicht das Wohl des einzelnen Kindes mit seinen Bedürfnissen und Wünschen in den Mittelpunkt, sondern das Volksganze: *aus volkseigener (arteigener, rassemäßiger) Bildsamkeit ist durch artgemäße Erziehungsweisen und Erziehungsinhalte der völkische Mensch zu formen*[41], so Ernst Krieck (1882–1947), einer der führenden Erziehungswissenschaftler im Dritten Reich. Platz für kranke und schwache Kinder war dabei nicht vorgesehen, denn bei *möglichst geringer Pflege* bedürfe es derjenigen, die *am leistungsfähigsten und widerstandsfähigsten sind.*[42] Diejenigen, die sich diesem Diktat nicht unterordnen wollten oder konnten, galten als Schädlinge der Volksgesundheit. Dass unter diesen Vorzeichen das 1924 in Kraft getretene Reichsjugendwohlfahrtsgesetz,

---

[39] Zentrum für Nervenheilkunde Rostock, Poliklinikakten, unsortiert.

[40] AHW, Ratsakte 2.2.8.8 Nr. 39: Wohlfahrt / Sozialfürsorge.

[41] Zit. nach STURM, Karl Friedrich: Deutsche Erziehung im Werden. Osterwieck. Berlin, 1938, S. 95.

[42] STAEMMLER, Martin: Rassenpflege im völkischen Staat. München 1933, S. 92.

welches *jedem deutschen Kind [...] das Recht auf Erziehung zur leiblichen, see-lischen und gesellschaftlichen Tüchtigkeit* (§1) zubilligte, auf der Strecke blieb, kann kaum verwundern. Recht war nicht mehr originär, sondern hatte sich dem Dienst an der Volksgemeinschaft unterzuordnen. Und so kam es erst gar nicht zur Beobachtung von Günter Nevermann im Elisabethheim. Obwohl die Erkran-kung als exogen angesehen wurde, die Familie noch zwei weitere, gesunde Kin-der hatte (Abb. 3), ergab die Sippenforschung, dass die *Förderungswürdigkeit des Nevermann nicht angenommen werden kann [...]*. Es wurde empfohlen, *den Jungen unter diesen Umständen nicht zur Beschulung aufzunehmen*[43]. Ohne je eine Chance gehabt zu haben, konstatierte das Büro des Oberbürgermeisters in Wismar am 17. Juni 1942 kurz und knapp: *Wegen Bildungsunfähigkeit aus Schulpflicht entlassen.*[44] Mit dieser Etikettierung war das Schicksal des Jungen im Prinzip entschieden. „Bildungsunfähigkeit" galt als Aussonderungskriterium, nicht selten entschied es über Leben und Tod.

Abbildung 3
Günter Nevermann mit seinen Schwestern Irmgard und Dora
um 1938 (Privatbesitz)

---

[43] AHW (wie Anm. 40).

[44] Ebenda.

Weniger als zwei Monate später empfahl der Leiter des Gesundheitsamtes Wismar, das Kind

*auf dem Lewenberg unterzubringen [...] aus zwei Gründen. 1. Die Hilfsschule kann es nicht besuchen wegen seiner Lähmung. Da es aber **nicht bildungsunfähig** [Hervorhebung K. H.] ist, muß ihm ein Schulbesuch ermöglicht werden [...] 2. kann die Mutter den großen Jungen nicht mehr heben und tragen. Der Vater ist im Felde.*[45]

Inwieweit die nun plötzlich doch wieder vermerkte Bildungsfähigkeit den Versuch darstellte, den Jungen unter dem Vorwand der notwendigen Beschulung aus der Familie zu reißen, muss Spekulation bleiben. Fakt ist jedoch, dass die Mutter ihren Sohn am 22. September 1942 auf den Lewenberg brachte, um ihn, schon einen Tag später, wieder abzuholen. Offensichtlich hatte sie Angst um ihn, eine Angst, die berechtigt war. Die erhöhte Sterberate in der Kinderfachabteilung Lewenberg-Sachsenberg hatte sich in der Bevölkerung bereits herumgesprochen. Auch in den noch vorhandenen Quellen der Rostocker Universitäts-Nervenklinik aus der Zeit finden sich Belege, dass Mütter sich weigerten, ihre Kinder nach Schwerin verlegen zu lassen. Dass dies nicht selten ein schwieriges Unterfangen war, zeigen die nun folgenden Ereignisse im Fall Nevermann. In einem Brief an das Wohlfahrtsamt Wismar, noch am selben Tag, an dem die Mutter ihren Sohn wieder abgeholt hatte, beschwerte sich Leu über ein solches Vorgehen:

Schon bei der Einlieferung macht die Mutter allerlei völlig unberechtigte Einwendungen und es war vorauszusehen, dass sie der ganzen Sachlage wenig Verständnis entgegenbringen wird [...] Völlig erstaunt bin ich, daß die Mutter schon heute mit einem Schreiben von dort kommt, nachdem sie berechtigt wäre, das Kind abzuholen. Die Ausstellung derartiger Bescheinigungen ohne vorherige Rücksprache ist gesetzeswidrig. Ich beziehe mich auf den Erlass des Herrn Reichsminister des Innern – Nb 1981/41 1079[46] *Mi [...] Ich bitte um Aufklärung.*[47]

---

[45] Ebenda.

[46] Zum genauen Wortlaut vgl. KLEE, Ernst: „Euthanasie" im NS-Staat. Die „Vernichtung lebensunwerten Lebens". Frankfurt 2001, S. 303–304.

[47] AHW (wie Anm. 40).

Damit übte Leu Druck aus. Er wusste, dass die Fürsorgeverbände sowie die Wohlfahrts- und Gesundheitsämter angewiesen worden waren, die Durchführung der Anstaltspflege der in Frage kommenden Kinder in den vom „Reichsausschuss zur wissenschaftlichen Erfassung erb- und anlagebedingter schwerer Leiden" bestimmten Anstalten anzuerkennen; in diesem Fall Lewenberg (Runderlass vom 30. Mai 1941 – IV W I 9/41-7805). Wenn nötig, sollte auf die Eltern Druck ausgeübt werden, *so daß unter Umständen geprüft werden müsse, ob nicht in der Zurückweisung des Angebots* [der Anstaltsunterbringung, K. H.] *eine Überschreitung des Sorgerechts zu erblicken ist*[48] und somit dieses den Eltern entzogen werden müsse. Der von Leu oben zitierte Erlass des Reichsministers des Innern Nb 1981/41 1079 Mi zielte auf eine solche, seit September 1941 mögliche Entziehung des Sorgerechts bei Weigerung der Eltern, ihr Kind in einer Kinderfachabteilung unterbringen zu lassen. Auch die Mutter von Günter Nevermann konnte sich diesem Druck nicht entziehen, sodass sie, von dem Wismarer Stadtrat Elbrecht „überzeugt", ihren Sohn am 19. Oktober 1942 wieder in die Klinik brachte. In ihrer Verzweiflung hatte sie ihrem an der Ostfront kämpfenden Mann geschrieben. Daraufhin bat er das Gesundheitsamt Wismar in einem Brief noch einmal um Unterbringung seines Sohnes in einem Heim, da *der Junge nicht geistesschwach, sondern nur gelähmt ist.*[49] Die Antwort erfolgte am 10. November:

Ihr Sohn wurde auf Antrag ihrer Ehefrau am 19.10.42 in das Kinderheim Lewenberg in Schwerin gebracht, nachdem Herr Dr. Scheel erklärte, dass das Kind in ein Krüppelheim nicht aufgenommen werden könne [...] Es ist dort gut aufgehoben, es wird dort gut betreut und steht unter ärztlicher Aufsicht. Im Interesse des Kindes ist ein Verbleiben in Lewenberg notwendig, da es nur dort die nötige Beschulung erhalten kann [...] So, wie jetzt, ist die Angelegenheit für ihren Sohn als auch für ihre Ehefrau am besten geregelt.[50]

Gut einen Monat später war der Junge tot.

Leu behauptete in den gegen ihn in den 1950er Jahren geführten Prozessen[51], dass er „lediglich" 20 bis 30 Kinder getötet habe, bei denen es sich

---

[48] Zit. nach KLEE (wie Anm. 46), hier S. 304.

[49] AHW (wie Anm. 40).

[50] Ebenda.

[51] Zunächst war im Prozess gegen Leu vor dem Schwurgericht Köln (1951) das Vorliegen niederer Beweggründe und sogar Heimtücke bejaht worden, und die Tat wurde als vorsätzlich

ausschliesslich um auf niedrigster Stufe, d h. unter der Null-Linie stehende Menschenwesen [handelte, denn] schon bei der Erstattung dieser Meldungen [stellte er darauf ab], diese so auszufertigen, dass ein Tötungsbefehl nur noch für wirklich hoffnungslose, in keiner Weise von der Tötung ausnehmbare Fälle zu erwarten war.[52]

Tatsache ist, dass mehr als 400 Kinder und Jugendliche zwischen 1941 und dem ersten Quartal 1945 in der Kinderfachabteilung Lewenberg-Sachsenberg starben. Tatsache ist auch, dass Günter Nevermann weder ein hoffnungsloser Fall und schon gar kein, wie eine solche Aussage auch immer zu verstehen ist, *unter der Null-Linie stehendes Menschenwesen* war. Sein Fall zeigt ganz deutlich, dass Ärzte wie Leu sich keineswegs in einer *tragischen Zwangslage* befanden. Im Gegenteil: In vorauseilendem Gehorsam riss er den Jungen aus dem sicheren Schutz der Familie mit dem einzigen Ziel ihn zu töten.

Viele der Täter sind niemals zur Rechenschaft gezogen worden. Viele erhielten milde Strafen oder wurden freigesprochen. Die Gerichte erkannten die Argumentation an, sie hätten aus Pflichtgefühl oder Sabotageabsicht (siehe Leu) gehandelt. Das Vermächtnis von Nürnberg hatte unter den Vorzeichen des Kalten Krieges seit den 1950er Jahren an Bedeutung verloren. Es war einer „Schlussstrichmentalität"[53] gewichen. Begangenes Unrecht wurde verdrängt. Das neue Feindbild des Kommunismus ließ in Westdeutschland die Kriegsverbrechen in den Hintergrund treten.[54]

---

angesehen. Mangelndes Bewusstsein der Rechtswidrigkeit seines Handelns sei nicht gegeben, so die Richter. Dennoch urteilten sie, dass wegen der *tragischen Zwangslage*, in der sich Leu befunden habe, kein Rechtsverschulden des Angeklagten vorliege. Er wurde vom Vorwurf der Beihilfe zum Mord freigesprochen. Die durch die Staatsanwaltschaft eingereichte Revision wurde durch den Bundesgerichtshof anerkannt, sodass es zu einem erneuten Verfahren kam. 1953 wurde Leu trotz belastender Zeugenaussagen wegen des „Sabotagecharakters" seines Tuns endgültig freigesprochen. Vgl. zu den Prozessen Rüter-Ehlermann (wie Anm. 29) sowie Loewy, Hanno, Winter / Bettina (Hrsg.): NS-„Euthanasie" vor Gericht. Fritz Bauer und die Grenzen juristischer Bewältigung. Frankfurt, New York 1996, S. 40-43.

[52] Rüter-Ehlermann (wie Anm. 29), hier S. 13.

[53] Kersting, Franz Werner / Schmuhl, Hans-Walter (Hrsg.): Quellen zur Geschichte der Anstaltspsychiatrie in Westfalen. Paderborn, München, Wien, Zürich 2004, S. 55.

[54] Vgl. Bryant, Michael S.: Justice and National Socialist Medicalized Killing: Postwar „Euthanasia" Trials and the Spirit of Nuremberg, 1945–53. In: De Mildt, Dick (Hrsg.): Staatsverbrechen vor Gericht. Festschrift für Christiaan Frederik Rüter zum 65. Geburtstag. Amsterdam 2003, S. 9–23.

Und auch in der DDR war man an einer umfassenden Aufarbeitung nicht interessiert.[55]

Ausblick

Noch immer sind viele Fragen bei der Erforschung der Kinder-„Euthanasie" in Mecklenburg offen. Ein Gesamtbild der Vorgänge – soweit anhand der vorhandenen Quellen zu eruieren – fehlt; strukturelle und personelle Zusammenhänge innerhalb der einzelnen Kliniken, Anstalten oder auch Heime sind kaum rekonstruiert. Hinzu kommt, dass man verantwortliche Ärzte zwar benennen kann, über ihr (wissenschaftliches) Wirken bisher jedoch sehr wenig weiß. Hier wäre eine Analyse über Kontinuitäten, Brüche oder mögliche Radikalisierungen vor dem Hintergrund einer seit den 1920er Jahren forciert betriebenen Gesundheitspolitik, deren Ziel eine „heilende", nicht verwahrende Psychiatrie war, ein hilfreiches Unterfangen, um zu einer differenzierten Sichtweise zu gelangen.[56]

Zudem waren nicht nur Ärzte an den Verbrechen beteiligt. Obwohl im so genannten Sachsenbergprozess (1947) nur Schwestern und Pfleger schuldig gesprochen und teilweise zur Todesstrafe verurteilt wurden, ist über diesen Personenkreis nie reflektiert worden – ein in der Forschung allgemein erkennbares Desiderat. Noch weniger ist über die Verantwortlichen in den einzelnen Ministerien der Landesverwaltung bekannt. Schließlich waren sie es, die etwa den Versand der Meldebogen in Zusammenarbeit mit den Amtsärzten und Direktoren von Heimen und Anstalten koordinierten. Offene Fragen sind zudem: In welchem Umfang waren Opfer der „Euthanasie" in Forschungszwecke, auch außerhalb Mecklenburgs, eingebunden? Wurden Kinder, wie andernorts, Opfer der zentral organisierten „Aktion T4"? Was geschah mit Kindern, die in Heimen untergebracht waren, und wie eng war die Zusammenarbeit zwischen Psychiatrie, Pädiatrie, Fürsorge-, Gesundheits- und Wohlfahrtsämtern sowie niedergelassenen Ärzten und Hebammen?

---

[55] Vgl. WANITSCHKE, Matthias (Hrsg.): Archivierter Mord. Der SED-Staat und die NS-„Euthanasie"-Verbrechen in Stadtroda. Erfurt 2005; LEIDE, Harry: NS-Verbrechen und Staatssicherheit. Die geheime Vergangenheitspolitik der DDR. Göttingen 2006.

[56] Vgl. SIEMEN, Hans-Ludwig: Menschen blieben auf der Strecke ... Psychiatrie zwischen Reform und Nationalsozialismus. Gütersloh, 1987; SCHMUHL, Hans-Walter: Der Mord an psychisch kranken und behinderten Menschen. Eine Forschungsbilanz. www.mabuse-verlag.de/Downloads/1454/165_Schmuhl.pdf (Stand 27.1.2015); SCHMUHL, Hans-Walter / ROELCKE, Volker (Hrsg.): „Heroische Therapien". Die deutsche Psychiatrie im internationalen Vergleich, 1918–1945. Göttingen 2013.

Sozialistische Hochschulpolitik
zwischen Anspruch und Wirklichkeit –
Die Universitätsnervenklinik Rostock von 1946 bis 1961

VON EKKEHARDT KUMBIER

Nach dem Zweiten Weltkrieg zielte die Reformierung des Hochschulwesens in der Sowjetischen Besatzungszone (SBZ) und später in der Deutschen Demokratischen Republik (DDR) u. a. auf die Verbreitung der Lehren des Marxismus-Leninismus. Dabei machte die Sozialistische Einheitspartei Deutschlands (SED) ihren Führungs- und Leitungsanspruch nicht nur für den gesellschaftlichen, sondern auch für den universitären Bereich geltend. So rückte der Aufbau einer „sozialistischen Wissenschaft" seit den 1950er Jahren immer stärker in den Fokus ihrer Hochschulpolitik.[1] Die Umsetzung gestaltete sich jedoch schwierig: Die Mehrzahl der bürgerlich geprägten Hochschullehrer stand den neuen sozialistischen Ideen ablehnend gegenüber. Dies traf in besonderem Maß für ein solch traditionell geprägtes Fach wie die Medizin zu.[2] Es bestand eine große politische, soziale und kulturelle Distanz. Dennoch konnte die junge DDR auf das Können der alten bürgerlichen Eliten beim Aufbau der neuen sozialistischen Gesellschaft nicht verzichten. Trotz der gesellschaftspolitischen Veränderungen war man daran interessiert, den verbliebenen Fachvertretern mit ausgewiesener klinischer und wissenschaftlicher Expertise den Einstieg bzw. Wiedereinstieg in die Hochschullaufbahn zu ermöglichen. Im Vordergrund stand das Interesse an einer funktionierenden medizinischen Versorgung und Lehre, um den dringend benötigten Nachwuchs ausbilden zu können. So stand die SED-Führung vor dem Dilemma, einerseits die Zusammenarbeit mit den „bürgerlichen" Hochschullehrern aus pragmatischen Gründen fördern zu müssen, andererseits ihr Wissenschaftskonzept durchzusetzen, das von einem ideologischen Alleinvertretungsanspruch des Marxismus-Leninismus durchdrungen war und sich die Schaffung

---

[1] JESSEN, Ralph: Akademische Eliten und kommunistische Diktatur: die ostdeutsche Hochschullehrerschaft in der Ulbricht-Ära. Göttingen 1999; KOWALCZUK, Ilko-Sascha: Geist im Dienste der Macht: Hochschulpolitik in der SBZ / DDR 1945 bis 1961. Berlin 2003.

[2] ERNST, Anna-Sabine: "Die beste Prophylaxe ist der Sozialismus": Ärzte und medizinische Hochschullehrer in der SBZ / DDR 1945-1961. Münster, New York, München 1997.

einer „neuen Intelligenz" zum Ziel gesetzt hatte. Dies führte bis zum Mauerbau 1961 zu einer schwankenden Politik zwischen Privilegierung und Disziplinierung. Die Hochschulpolitik wurde zunehmend einer zentralen Kontrolle unterworfen, um vor allem die Personalpolitik besser steuern zu können. Ein solches Streben nach umfassender staatlicher Lenkung und Kontrolle führte zwangsläufig zu einem zunehmenden Missverhältnis zugunsten der Disziplinierung.

Schaut man sich zudem die Situation im Gesundheitswesen nach 1945 an, so zeigt sich infolge der massiven personellen und materiellen Verluste ein desolates Bild. Das betraf die Hochschulmedizin und damit auch die Universitätsnervenkliniken. Im Vordergrund stand zunächst die Aufrechterhaltung der medizinischen Versorgung. Es mussten Kompromisse geschlossen werden, bei denen man sich nicht selten im Spannungsfeld zwischen Ideologie und Pragmatismus bewegte. Die Folge war, dass das Verhältnis der Staats- und Parteiführung zu den medizinischen Hochschullehrern ein zwiespältiges war, was nicht selten zu Repressalien führte. Wie solche aussehen konnten, zeigt sich am Beispiel der Medizinischen Fakultät in Rostock und besonders am Umgang mit den Lehrstuhlinhabern für Psychiatrie und Neurologie Hans Heygster und Franz Günther von Stockert. Exemplarisch soll gezeigt werden, wie die hochschulpolitischen Veränderungen die Karriere beider Hochschullehrer folgenschwer beeinflussten.

Zunächst sollen zum besseren Verständnis die politisch motivierten Reformbestrebungen im Hochschulbereich nach 1945 in der SBZ und DDR und ihre Auswirkungen beschrieben werden.

Die Reformierung des Hochschulwesens vor dem Hintergrund gesellschafts- und wissenschaftspolitischer Veränderungen

Bis zum Februar 1946 konnten die sechs Universitäten in der SBZ wiedereröffnet werden. Jedoch begannen die Universitäten Rostock[3] und Halle mangels Lehrpersonal zunächst ohne die Medizinische Fakultät. Selbst Ende 1947 war in Rostock ebenso wie in Leipzig über die Hälfte der Stellen an der

---

[3] Zur Situation an den Universitäten in der SBZ und in den ersten Jahren der DDR und insbesondere an der Universität Rostock vgl. AMMER, Thomas: Universität zwischen Demokratie und Diktatur: Ein Beitrag zur Nachkriegsgeschichte der Universität Rostock, Köln 1969 (Reprint 1990); JAKUBOWSKI, Peter / URBSCHAT, Kerstin: Die Universität Rostock in den Jahren 1945 bis 1952 – Versuch und Grenzen eines demokratischen Neuanfangs. In: Beiträge zur Geschichte der Universität Rostock (1994), S. 9-31.

Medizinischen Fakultät noch nicht besetzt.[4] Bald folgten erste strukturelle Veränderungen mit dem Versuch der Besatzungsmacht, über die Zulassung zum Studium und die Besetzung des Lehrkörpers eine gezielte Personalpolitik zu betreiben. Ziel war der Aufbau einer politischen Basis innerhalb des Lehrkörpers und der Studentenschaft. Man versuchte, wissenschaftlich ausgebildete und zugleich politisch geschulte Funktionäre zu etablieren. Zu Beginn der 1950er Jahre nahm die Ideologisierung der Hochschulpolitik erheblich zu. Ziel war die zentralisierte Steuerung und Einschränkung der Autonomie der Universitäten. Mit der Staatsgründung der DDR (1949) standen Instrumente für eine solche Steuerung zur Verfügung. Im Zuge der Zweiten Hochschulreform kam es ab 1951 zu einschneidenden Veränderungen. Das Zentralkomitee der SED proklamierte den *unversöhnlichen Kampf gegen alle reaktionären Ideologien, gegen den bürgerlichen Objektivismus [...] an den Universitäten und Hochschulen.*[5] Fortan mussten alle Studierenden ein gesellschaftswissenschaftliches Grundstudium mit den Fächern Marxismus-Leninismus, Politische Ökonomie und dialektischer und historischer Materialismus sowie Unterricht in russischer Sprache und Literatur absolvieren.[6] Die Universitätsleitung wurde um Prorektorate (für Gesellschaftliches Grundstudium, Forschungsangelegenheiten, wissenschaftliche Aspirantur und Studentenangelegenheiten) erweitert, die sich aus politisch geschulten Parteifunktionären zusammensetzten.[7] Damit wurden die Universitäten in ihrer Autonomie und in ihrem Einflussbereich massiv beschränkt. Zudem sollten Wissenschaft und Lehre stärker nach sowjetischem Vorbild ausgerichtet werden. An Widerstand seitens der Hochschullehrer gegen diese „Reformen" fehlte es nicht. Der bekannteste und überregional bedeutendste Protest war der von 58 Professoren der Universität Rostock im März 1952.[8] In einem Schreiben an das Staatssekretariat für Hochschulwesen wurde gegen die Neuregelungen protestiert und ihre Rücknahme in fast allen Punkten verlangt.[9] Diese Forderungen konnten jedoch nicht durchgesetzt werden. Das verwundert kaum, denn es ging um sehr viel. Es ging um die Macht, also darum, aus welcher Position heraus und in welchem Maße künftig Einfluss auf inneruniversitäre Prozesse ausgeübt werden

---

[4] ERNST (wie Anm. 2).

[5] Zit. nach AMMER (wie Anm. 3), S. 58.

[6] Gesetzblatt der DDR, Jg. 1951, Nr. 94 und 115.

[7] Gesetzblatt der DDR, Jg. 1951, Nr. 62.

[8] Vgl. AMMER (wie Anm. 3); JAKUBOWSKI / URBSCHAT (wie Anm. 3).

[9] Vgl. MÜLLER, Marianne / MÜLLER, Egon Erwin: "... stürmt die Festung Wissenschaft!" – Die Sowjetisierung der mitteldeutschen Universitäten seit 1945. Berlin 1953 (Reprint 1994), S. 382–387.

würde. Die Zweite Hochschulreform leitete den grundsätzlichen Bruch mit tradierten Universitätsstrukturen ein. Der relativen Autonomie der Wissenschaft wurde die Idee einer marxistisch-leninistisch orientierten Wissenschaft entgegengesetzt, die sich an den von der SED gestellten Aufgaben zu orientieren hatte. Kritik am so genannten „demokratischen Zentralismus", also auch an der zentralistisch gesteuerten Hochschulpolitik der DDR, war unerwünscht und wurde schonungslos unterdrückt. Gegen die Rostocker Hochschullehrer führte die SED in der Folge gezielte Kampagnen durch. Davon betroffen war auch einer der Mitunterzeichner der Protestresolution, der Direktor der Universitätsnervenklinik, Hans Heygster.

Hans Heygster
Direktor der Universitätsnervenklinik Rostock von 1946 bis 1953[10]

Hans Heygster hatte nach Kriegsende die kommissarische Leitung der Universitäts-Nervenklinik[11] in Rostock übernommen. Neben den aus der Zeit des Nationalsozialismus „Übriggebliebenen" und den nach 1933 emeritierten oder amtsenthobenen Professoren, die nach dem Krieg reaktiviert wurden, rekrutierte sich der Lehrkörper der Medizinischen Fakultäten noch aus einer dritten Gruppe. Diese Hochschullehrer kamen, wie Heygster, aus der außeruniversitären Praxis. Wie im Fall von Heygster war es für die Hochschullehrer dieser Gruppe kennzeichnend, dass sie häufig nicht der NSDAP angehört bzw. allenfalls vereinzelte Mitgliedschaften im NS-Lehrer- bzw. -Dozenten-Bund aufzuweisen hatten.[12] Das Beispiel von Heygster zeigt aber auch, wie groß die Bereitschaft der Medi-

---

[10] Zu Hans Heygster und seiner Tätigkeit als Direktor der Universitätsnervenklinik Rostock-Gehlsheim, die im Spannungsfeld der Ansprüche der Hochschulpolitik in der SBZ/DDR und den realen Gegebenheiten stand, siehe auch KUMBIER, Ekkehardt / HAACK, Kathleen: Sozialistische Hochschulpolitik zwischen Anspruch und Wirklichkeit – Das Beispiel Hans Heygster an der Universitäts-Nervenklinik Rostock. In: Würzburger Medizinhistorische Mitteilungen, 30 (2001), S. 139–162.

[11] Den Status einer Universitätsnervenklinik erhielt die bisherige Heil- und Pflegeanstalt Gehlsheim erst am 1.4.1946.

[12] Heygster war nicht Mitglied der NSDAP, SA oder SS gewesen und zählte damit zu einer Minderheit der deutschen Ärzteschaft. Denn fasst man alle Mitglied- und Anwartschaften in NS-Organisationen zusammen, so waren fast 70 % aller deutschen Ärzte in irgendeiner Form an das Dritte Reich gebunden, unter allen Berufsgruppen die mit Abstand höchste Zahl. RÜTHER, Martin: Ärztliches Standeswesen im Nationalsozialismus 1933-1945. In: JÜTTE, Robert (ed.): Geschichte der deutschen Ärzteschaft. Köln 1997, S. 166.

zinischen Fakultäten in der ersten Nachkriegszeit war, aufgrund des Personalmangels von den üblichen Laufbahnvorschriften wie der Voraussetzung der Ha-
bilitation abzusehen.[13]

Hans Karl Heinrich Heygster[14] (Abb. 1), geboren am 19.02.1905 in Memel (heute Klaipeda/ Li-
tauen) hatte Medizin an den Universitäten Marburg,
Königsberg und Kiel studiert und seine psychiat-
risch-neurologische Ausbildung bei Georg Stertz
(1878–1959) an der Universitätsnervenklinik Kiel
absolviert. 1932 ging er nach Stettin, war dort in
nervenärztlicher Praxis und ab 1935 als Leiter der
neurologischen Abteilung am Krankenhaus Be-
thesda tätig. 1939 wurde er zum Wehrdienst einge-
zogen, betreute bis Kriegsende als Militärarzt verschiedene Lazarette in Stettin, u. a. als Leiter eines
Lazaretts für Hirnverletzte. Nach dem Krieg kam
Heygster nach Rostock und übernahm die Leitung
der Universitätsnervenklinik. Sein Vorgänger, Ernst
Braun (1893–1963), war im Rahmen der Entnazifi-
zierungsmaßnahmen entlassen worden.[15] Heygster

Abbildung 1
Hans Heygster 1956

stand vor einer wahrhaft titanischen Aufgabe, denn die Ausgangssituation an der
Klinik war desolat. Im gesamten Land Mecklenburg gab es 1946 lediglich 24
Psychiater und Neurologen, davon drei an der Universitätsnervenklinik
Rostock.[16] Die Bevölkerungszahl war hingegen aufgrund der Aufnahme von

---

[13] Ein weiteres Beispiel dafür ist die Berufung von Hanns Schwarz (1898–1977) im Jahr 1946
auf den Lehrstuhl für Psychiatrie und Neurologie an die Universität in Greifswald, vgl. PFAU,
Arne: Die Entwicklung der Universitäts-Nervenklinik (UNK) Greifswald in den Jahren 1933
bis 1955. Husum 2008.

[14] Die biographischen Angaben entstammen überwiegend der Personalakte (Universitätsarchiv Rostock. Personalakte – Hans [Karl Heinrich] Heygster).

[15] Braun war nicht nur Mitglied der NSDAP, sondern wurde auch beschuldigt, wissentlich
Patienten verlegt zu heben, um sie der NS-„Euthanasie" zuzuführen. 1950 wurde er deshalb
vom Landgericht Schwerin angeklagt, jedoch aufgrund mangelnder Beweise freigesprochen.
Er ging nach Westdeutschland und arbeitete später in einem Landeskrankenhaus, vgl. MIESCH,
Ines: Die Heil- und Pflegeanstalt Gehlsheim – Von den Anfängen bis 1946. Rostock 1996.

[16] Bundesarchiv Berlin, DQ1-0146, Bl. 358.

Flüchtlingen aus dem Osten auf mehr als 2,1 Millionen im Jahr 1946 angestiegen.[17] Hinzu kam, dass in der Klinik einzelne Gebäude nicht genutzt werden konnten, da diese durch Bombentreffer beschädigt worden waren und weitere Räumlichkeiten von der Infektionsabteilung der Medizinischen Klinik genutzt wurden.[18]

Trotz dieser schwierigen Situation gelang es Heygster, sowohl die medizinische Versorgung zu gewährleisten als auch die Lehre aufrecht zu erhalten. Die geschilderten Umstände ließen ihm kaum Zeit zum wissenschaftlichen Arbeiten. Dennoch konnte er sich 1947 mit einer Arbeit über „Die psychische Symptomatologie bei Stirnhirnläsionen" habilitieren, in der er die neurologischen und psychischen Folgeerscheinungen nach Hirnverletzungen untersuchte.[19] Zwei Jahre später erhielt er die Lehrbefugnis und wurde zum Professor mit vollem Lehrauftrag ernannt. Das Ordinariat erhielt er jedoch nicht. Nachdem sich 1952 nach der dritten Parteikonferenz der SED der politische Druck auch auf die Medizinischen Fakultäten erhöht hatte, schloss sich Heygster dem erwähnten Protest gegen die Zweite Hochschulreform an. Was folgte, war eine Art Hexenjagd gegen ihn und weitere Hochschullehrer. Im April 1953 erschien in der Lokalzeitung ein Artikel[20] (Abb. 2), in dem die Medizinische Fakultät heftig attackiert wurde. Wissenschaftler wurden bezichtigt, *rückschrittliche Auffassungen* zu haben und sich nicht mit dem Volk verbunden zu fühlen. Der Fakultät wurden staatsfeindliche Handlungen unterstellt. Einzelne Hochschullehrer wurden namentlich genannt, darunter Heygster. Neben diesen Vorwürfen wurden ihnen Dienstvergehen unterstellt und ihre Entlassung gefordert. Der Artikel war in Absprache mit der SED und deren örtlichen Parteiinstanzen zustande gekommen.[21] Die SED versuchte, bei den Medizinstudenten Unterschriften zu sammeln, um die Abberufung dieser Hochschullehrer zu erreichen, was aber nicht gelang.[22] Auch in der Senatssitzung und im Fakultätsrat wurde über den Artikel

---

[17] PFAU, Arne: Die Entwicklung der Psychiatrie in der SBZ/DDR, insbesondere im Land Mecklenburg-Vorpommern nach 1945. In: Zeitgeschichte regional. Mitteilungen aus Mecklenburg-Vorpommern, 9 (2005), S. 13–23.

[18] MIESCH (wie Anm. 15).

[19] HEYGSTER, Hans: Die psychische Symptomatologie bei Stirnhirnläsionen. Leipzig 1948.

[20] Ostsee-Zeitung vom 16.5.1958: *Westdeutsche Presse am Pranger.*

[21] Vgl. Bundesbeauftragte für die Unterlagen des Staatssicherheitsdienstes der ehemaligen Deutschen Demokratischen Republik, 1776/67, Bl. 90–91.

[22] AMMER (wie Anm. 3).

beraten.[23] Die Medizinische Fakultät beklagte, dass ihre Stellungnahme erst nach mehreren Wochen von der Zeitung wiedergegeben wurde. Heygster selbst hatte ein Gesuch um Widerruf an die Verwaltung der Universität und an das Ministerium für Volksbildung geschickt.[24] Inzwischen hatte es eine Vielzahl von Deputationen gegeben, die die Entlassung der in dem Artikel genannten Professoren verlangten. Ebenso wurde berichtet, dass der Dekan der Medizinischen Fakultät viele anonyme Zuschriften mit ähnlichen Forderungen erhalten habe.

Der Marxismus-Leninismus - die unentbehrliche Grundlage für die Arbeit aller Wissenschaftler

An der Universität Rostock gibt es noch rückschrittliche Auffassungen und einige Wissenschaftler, die sich nicht mit dem Volke verbunden fühlen

Abbildung 2
Schlagzeile des Artikels in der Ostseezeitung vom 28. April 1953

Die Aspirantur: Versuch der kontrollierten Nachwuchsgewinnung

Dies war nicht der erste Angriff auf Heygster. Schon zuvor war versucht worden, seine Autorität an der Klinik zu untergraben, um politisch Einfluss auf Geschehnisse an der Universitätsnervenklinik nehmen zu können. Einem Assistenzarzt der Klinik, der ein aktives Mitglied der SED war und eng mit der Parteiorganisation der Universität zusammenarbeitete, wurde im August 1952 eine außerplanmäßige wissenschaftliche Aspirantur[25] bewilligt. Die Rekrutierung

---

[23] Universitätsarchiv Rostock. Medizinische Fakultät, Fakultätssitzungen, Jan.–Dez. 1953 und Bundesarchiv Berlin DR3 – 1. Schicht 1541, Bd. 1541: Sekretariat des Staatssekretärs: Protokolle über die Senatssitzung der Universität Rostock 1953.

[24] Universitätsarchiv Rostock (wie Anm. 14).

[25] Die Einrichtung der Aspirantur war der Versuch, das traditionelle akademische Milieu aufzubrechen, um die Nachwuchsförderung besser beeinflussen, kontrollieren und möglichst rasch, junge Dozenten ausbilden zu können JESSEN, Ralf: Vom Ordinarius zum sozialistischen Professor. Die Neukonstruktion des Hochschullehrerberufs in der SBZ/ DDR, 1945–1969. In: BESSEL, Richard / JESSEN, Ralph (eds.): Die Grenzen der Diktatur: Staat und Gesellschaft in der DDR. Göttingen 1996, S. 76–107. Die entsprechenden Bestimmungen waren vom Ministerrat der DDR in der Verordnung über die Neuorganisation der wissenschaftlichen Aspirantur vom 15. November 1951 festgelegt worden. Letztlich zeigte sich jedoch, dass dieses hochschulpolitische Instrument in der Medizin versagte. Wer fachlich ausgewiesen war, dem boten

des zukünftigen akademischen Nachwuchses sollte nicht wie bisher über die Assistenz und damit in der individuellen Lehrer-Schüler-Beziehung erfolgen, sondern über den politisch kontrollierten Weg der Aspirantur.

Die endgültige Entscheidung über die Zulassung zur Aspirantur oblag dem Staatssekretariat für Hochschulwesen in Berlin. Jeder Aspirant musste seine fachliche und vor allem politisch-ideologische Eignung nachweisen. In der Regel wurde ihm ein wissenschaftlicher Betreuer zugeordnet, der ebenso wie sein Forschungsthema vom Staatssekretariat bestätigt werden musste. Die richtige politische Einstellung musste der Nachwuchskandidat anhand von „demokratischen" Aktivitäten nachweisen, d. h. er zeigte in der Regel seine enge Verbundenheit mit der Staatspartei SED. Heygster hatte einen entsprechenden Aspiranturantrag für diesen Mitarbeiter abgelehnt, weil die wissenschaftlichen Voraussetzungen nicht vorlagen.[26] Er verweigerte daher auch die Betreuung der Aspirantur. Der Assistenzarzt wandte sich dann an Dietfried Müller-Hegemann[27] in Leipzig, der sich bereit erklärte, diese zu übernehmen. Dennoch wollte der Mitarbeiter an der Rostocker Klinik bleiben. Er hielt es für seine Pflicht, die ideologische Arbeit in der Ärzteschaft fortzuführen. Heygster verweigerte sich einer solchen Konstellation. Daraufhin verurteilte die Parteiorganisation der Klinik die Leitungsmethoden ihres Direktors als „kapitalistisch und reaktionär" und warf ihm vor, die Arbeit fortschrittlicher Wissenschaftler zu behindern. Der betroffene Assistenzarzt bezeichnete Heygster als reaktionären, inkompetenten Wissenschaftler. In weiteren Schreiben behauptete er, dass Heygster in seinen Vorlesungen Patienten vorstelle, die sich kritisch über die Gesellschaftsordnung in der DDR äußerten. Es war kein Zufall, dass dieser Vorwurf später in dem erwähnten Zeitungsartikel aufgegriffen wurde. Heygster drängte immer wieder

---

sich außerordentlich gute Aufstiegsmöglichkeiten. Die traditionell enge Abhängigkeitsbeziehung zwischen Assistenten und Professoren zugunsten von Staat und Partei zu lockern, gelang in der Medizin nicht. vgl. ERNST (wie Anm. 2).

[26] Universitätsarchiv Rostock. Personalakte – Dr. Ernst Reifenberg.

[27] Dietfried Müller-Hegemann (1910–1989) hatte seit 1952 den Lehrstuhl für Psychiatrie und Neurologie an der Universität Leipzig inne. Er war noch vor der Machtergreifung der Nationalsozialisten Mitglied im Kommunistischen Jugendverband und später der KPD geworden. So schien er im Gegensatz zu vielen bürgerlich geprägten Hochschullehrern prädestiniert zu sein, die neue sozialistische Wissenschaft in der DDR mit aufzubauen. Als Abteilungsleiter im Ministerium für Gesundheitswesen hatte er seit Beginn der 1950er Jahre großen politischen Einfluss. vgl. STEINBERG, Holger / WEBER, Matthias M: Vermischung von Politik und Wissenschaft in der DDR. Die Untersuchung der Todesfälle an der Leipziger Neurologisch-Psychiatrischen Universitätsklinik unter Müller-Hegemann 1963. In: Fortschritte der Neurologie und Psychiatrie, 79 (2001), S. 561–569.

auf die Versetzung des Mitarbeiters und forderte später sogar seine fristlose Entlassung. Schließlich lenkte das Staatssekretariat für Hochschulwesen ein und ordnete dessen Versetzung nach Leipzig an.

Deutlich zeigt sich hier das politisch motivierte Bestreben, Heygsters Autonomie als Hochschullehrer und Klinikdirektor zu schwächen, da er sich den gesellschafts- und wissenschaftspolitischen Doktrinen der DDR verweigerte. Hinzu kam, dass er in seinen Reisemöglichkeiten immer mehr eingeschränkt wurde. Einem Antrag Heygsters auf Ausstellung eines Interzonenpasses[28] wurde fortan nicht mehr zugestimmt. In einem entsprechenden Schreiben der Verwaltung der Universität Rostock (Abteilung Personal) an das Staatssekretariat für Hochschulwesen vom 5. Juli 1952 wird dazu Stellung genommen:

Zusammenfassend kann gesagt werden, daß seine Einstellung zur Deutschen Demokratischen Republik sehr unklar ist, ja, daß man manchmal sogar den Eindruck hat, als stehe er den Maßnahmen unserer Regierung ablehnend gegenüber. Vom wissenschaftlichen Standpunkt aus hat die Personalabteilung gegen die Ausstellung eines Auslandspasses nichts einzuwenden, jedoch kann sie auf Grund der gesellschaftspolitischen Haltung des Herrn Prof. Dr. Heygster keine Befürwortung aussprechen.[29]

Somit war es Heygster offiziell nicht mehr möglich, die DDR zu verlassen, um zum Beispiel an Tagungen in Westdeutschland teilzunehmen. Diese politisch begründeten Beschränkungen und Versuche der Einflussnahme veranlassten ihn schließlich, die DDR im Juni 1953 zu verlassen. Zwar bemühte sich die Universität, ihn zur Rückkehr zu bewegen und war sogar bereit, auf seine

---

[28] Der Besuch westdeutscher oder Westberliner Kongresse war genehmigungspflichtig und erforderte einen Interzonenpass, der zentral vom Innenministerium vergeben wurde. Hochschullehrer mussten zudem das Einverständnis des Staatssekretariats für Hochschulwesen einholen. Seit 1951 wurden gezielt Delegationen zusammengestellt, die immer auch von politischen Funktionären begleitet wurden. Von 1952 an wurden Interzonenpässe häufig verweigert. Grund für die restriktive Haltung der DDR war der nach Aufhebung des Besatzungsstatuts 1952 in der Bundesrepublik geschlossene Deutschlandvertrag mit Beitritt zur Europäischen Verteidigungsgemeinschaft, EISENBERG, Ulrike: Deutsch-deutsche Neurologie: Vom innerdeutschen Verhältnis der west- und ostdeutschen Fachgesellschaften 1945-1970. In: HOLDORFF, Bernd / KUMBIER, Ekkehardt (Hrsg.): Schriftenreihe der Deutschen Gesellschaft für Geschichte der Nervenheilkunde. Würzburg 2011, S. 269–284.

[29] Bundesbeauftragte (wie Anm. 21), Bl. 89.

Forderungen[30] einzugehen, ihn als Ordinarius zu berufen und einen Einzelvertrag[31] zu geben[32]. Doch als Gründe, die ihm das Wiederkommen unmöglich machten, nannte er die geschilderten Ereignisse an seiner Klinik und innerhalb der Medizinischen Fakultät. Heygster schloss eine Rückkehr aus und teilte mit, *er sähe sich außer Stande, noch in Verhandlung mit dem Staatssekretariat zu treten.*[33] Schließlich gab Heygster dem Staatssekretariat für Hochschulwesen am 4. Juni 1953 gegenüber an:

> *Die ihnen bekannten Anfeindungen gegen mich in der Presse, die nach Mitteilung der Zeitung von zentralen Instanzen der SED in Gang gesezt (sic) sind, die skandalöse Verhinderung einer wahrheitsgetreuen Richtigstellung der Denunziationen in der Öffentlichkeit haben gezeigt, daß massgebliche Stellen nicht beabsichtigen, zu den Voraussetzungen für eine friedliche [...] Arbeit an der Klinik in aerztlicher Hinsicht, in Lehre und Forschung beizutragen. [...] Unter diesen Umständen ist es mir unmöglich gemacht worden, verantwortlich die Leitung der Klinik weiterzuführen.*[34]

Nachdem Heygster die DDR verlassen hatte, siedelte er 1956 nach Surabaya (Indonesien) über und übernahm an der neu gegründeten Airlangga-Universität den Lehrstuhl für Psychiatrie und Neurologie. Heygster verstarb am 30. August 1961 in Surabaya.[35]

Die Wiederbesetzung des Rostocker Lehrstuhls

Nach Heygsters Weggang stand die Universität Rostock vor dem Problem, den psychiatrisch-neurologischen Lehrstuhl neu besetzen zu müssen. Wie weit dabei

---

[30] Heygster forderte u. a. einen dauerhaften Interzonenpass, da seine Familie in Westdeutschland verbleiben wollte, Universitätsarchiv Rostock (wie Anm. 23).

[31] Der Einzelvertrag mit dem Staatssekretariat für Hochschulwesen sicherte Hochschullehrern ein individuelles Einkommen und meist zusätzliche Privilegien wie zum Beispiel die Beschaffung wissenschaftlicher Literatur oder die Zusicherung von Kongressbesuchen in Westdeutschland zu, vgl. JESSEN (wie Anm. 25).

[32] Universitätsarchiv Rostock. Westflucht von Universitätsangehörigen, 1950–1954.

[33] Universitätsarchiv Rostock (wie Anm. 23).

[34] Bundesbeauftragte (wie Anm. 21).

[35] SPATZ, Hugo: In memoriam: Hans Heygster (1905–1961) – Schicksal eines auslandsdeutschen Neurologen. In: Der Nervenarzt 33 (1962), S. 89–90.

Vorstellung und Realität auseinandergingen, zeigt sich darin, dass es nicht gelang, für die Neubesetzung einen geeigneten Kandidaten aus den eigenen Reihen zu finden. Zwar hatte sich Anfang der 1950er Jahre die Zahl der Lehrkräfte an den Universitäten in der DDR erhöht, doch bestand nach wie vor an den Medizinischen Fakultäten ein ausgeprägter Mangel an Dozenten. Hier waren im Frühjahrssemester 1952 an den Universitäten Rostock, Greifswald, Halle, Jena, Leipzig und in Berlin (Ost) 33 Lehrstühle vakant.[36] Der an der Rostocker Klinik tätige Privatdozent Gerhard Göllnitz[37] (1920–2003) brachte die Situation in einem Schreiben an den Dekan der Medizinischen Fakultät zum Ausdruck: *Sämtliche habilitierte Oberärzte an den Universitäts- und Nervenkliniken der Deutschen Demokratischen Republik kommen nach meiner Überzeugung rein fachlich noch nicht für die Besetzung eines Ordinariats in Frage.*[38] Nun standen ausschließlich westdeutsche Wissenschaftler auf der Vorschlagsliste[39], ein Beleg dafür, in welchem Dilemma sich die DDR befand. An erster Stelle Franz Günther Ritter von Stockert (1899–1967) von der Frankfurter Universität, secundo loco Walter Ritter von Baeyer (1904–1987) von der Universität Erlangen und Karl Leonhard, ebenfalls aus Frankfurt am Main. An dritter Stelle folgte Carl Riebeling von der Universität Hamburg. Aus Mangel an „ostdeutschen Alternativen" berief man schließlich am 1. September 1954 von Stockert[40] auf den

---

[36] MÜLLER / MÜLLER (wie Anm. 9).

[37] Nach dem Weggang Heygsters leitete Göllnitz die Klinik kommissarisch bis zur Berufung von Stockerts am 1. September 1954.

[38] Universitätsarchiv Rostock. Medizische Fakultät, Nervenklinik – Besetzung des Lehrstuhls für Neurologie und Psychiatrie 1948–1954: 1679.

[39] Bis zur „Verordnung über die weitere sozialistische Umgestaltung des Hoch- und Fachschulwesens" vom 13.2.1958 war es gebräuchlich, dass die Fakultät eine Berufungsliste erstellte, die auch westdeutsche Wissenschaftler berücksichtigte. Die endgültige Entscheidung oblag dennoch dem Staatssekretariat für Hochschulwesen. Auf den Listen der Rostocker Universität waren zwar immer wieder die Namen zweier ostdeutscher Wissenschaftler zu lesen, zum einen der von Johannes Suckow (1896–1994) von der Leipziger Universitätsnervenklinik und zum anderen der von Günther Ziese von der Nervenklinik der Berliner Charité. Beide fanden jedoch keine Berücksichtigung. Für die Nichtberufung von Suckow mag eine Rolle gespielt haben, dass er in der NS-Zeit kurzzeitig in einer Forschungsabteilung im Rahmen des „Euthanasie"-Programms mitgearbeitet hatte, vgl. LIENERT, Marina: Deutsche Psychiatrie im 20. Jahrhundert. Der Lebensweg des Psychiaters Johannes Suckow (1896–1994). In: Sudhoffs Archiv 84 (2000), S. 1–18. Ziese hielt man für fachlich weniger geeignet, denn es gab Aussagen, *dass er sich nicht mit Stockert wissenschaftlich messen* könne (wie Anm. 38).

[40] Zu Biografie und Wirken von Franz Günther von Stockert siehe KUMBIER, Ekkehardt (Hrsg.): Wirken und Leben von Franz Günther Ritter von Stockert. Beiträge zum Frankfurter Symposium 2006. Rostock 2007.

Rostocker Lehrstuhl. Interessant ist, dass von Stockert bereits bei den Berufungsverhandlungen 1948/49 primo loco gesetzt war. Die Medizinische Fakultät hatte schon damals großes Interesse an von Stockert bekundet und ihm sogar mitgeteilt, *dass seine Aussichten die besten sind.*[41] Dies hatte sich vorerst als falsch erwiesen.[42]

Franz Günther von Stockert
Direktor der Universitätsnervenklinik Rostock von 1954 bis 1958

Von Stockert leitete die Klinik vier Jahre lang. Ende der 1950er Jahre führte die SED eine erneute Säuberungs- und Einschüchterungskampagne mit dem Ziel durch, die Lehrkräfte an allen Fakultäten der Universitäten zur bedingungslosen Einhaltung der Parteilinie und Erfüllung des politischen Erziehungsauftrages anzuhalten. Infolge der Vorbereitungen zur Dritten Hochschulkonferenz (28.2. bis 2.3.1958) nahmen deshalb die Repressalien gegen von Stockert zu. Er hatte sich wiederholt kritisch über die gesellschaftlichen Verhältnisse in der DDR geäußert. 1958 wurde er verhaftet und wegen Staatsverleumdung zu einem Jahr Gefängnis unter Auferlegung einer Bewährungsfrist von zwei Jahren verurteilt.

---

[41] Wie Anm. 38.

[42] Die Landesregierung Mecklenburg hatte sich für den damals an dritter Stelle vorgeschlagenen, bis dato kommissarischen Leiter der Klinik, Hans Heygster, entschieden, obwohl er nach Aussagen von Fachkollegen nicht über die entsprechende Qualifikation verfügte. So äußerte sich beispielsweise Hanns Schwarz von der Universität Greifswald (wie Anm. 38). Zu Recht wurde aber darauf hingewiesen, dass die schwierigen Umstände an der Klinik ein wissenschaftliches Arbeiten kaum zuließen. Ein weiterer Aspekt ist, dass die Medizinische Fakultät es für notwendig ansah, *parteilich ganz unbelastete Herren auf die Liste zu setzen.* (wie Anm. 38). Heygster war im Gegensatz zu von Stockert (seit 1939) und Gustav Ernst Störring (1903–2000) (seit 1933) nicht Mitglied in der NSDAP gewesen. Wahrscheinlich ist, dass die Entscheidung in Berlin gefallen war, denn es bestand die Pflicht zur Konsultation der Deutschen Zentralverwaltung für Volksbildung. Dass sich einzelne Fakultäten dennoch mit eigenen Vorschlägen durchsetzen konnten, zeigt in diesem Zusammenhang das Beispiel der Jenenser Universität. Die Deutsche Zentralverwaltung für Volksbildung hatte beschlossen, trotz der Entscheidung für Heygster den Oberarzt der Universitätsnervenklinik der Charité, Heinrich-Christel Roggenbau (1896–1970), nach Rostock zu berufen. Die Rostocker Medizinische Fakultät wollte einlenken, wenn, so die Absprache, Heygster den Jenenser Lehrstuhl bekäme. Die Medizinische Fakultät der Universität Jena wollte jedoch Rudolf Lemke (1906–1957) für den dortigen psychiatrisch-neurologischen Lehrstuhl berufen und setzte dies auch durch. Damit schied auch der von der Deutschen Zentralverwaltung für Volksbildung für Rostock favorisierte Roggenbau aus, denn der Rostocker Dekan war der Meinung, *da Jena Lemke berufen will, ist die Voraussetzung für Heygster nicht mehr gegeben und die Fakultät Rostock kann keinen Vorschlag für die Berufung Roggenbaus machen* (wie Anm. 38).

Noch im gleichen Jahr verließ von Stockert die DDR und ging zurück nach Frankfurt.[43]

Franz Günther Ritter von Stockert[44] (Abb. 3) wurde am 9. Januar 1899 in Wien geboren. Seine Mutter, die bekannte österreichische Schriftstellerin Dora Stockert-Meynert (1870–1947), war die Tochter des bekannten Psychiaters und Hirnforschers Theodor Meynert (1833–1892). Von Stockert studierte von 1918 bis 1924 an der Wiener Universität Medizin und ging danach zunächst als Hilfsarzt an die Wiener Psychiatrische Universitätsklinik. 1926 wechselte er an die Universitäts-Nervenklinik Halle (Saale), habilitierte sich 1928 und erhielt 1935 eine außerplanmäßige Professur. In den folgenden Jahren bildete sich von Stockert in der neurochirurgischen Abteilung der Universität Würzburg fort und war schließlich an der Universitäts-Nervenklinik in Frankfurt am Main tätig. Im Zweiten Weltkrieg war von Stockert Chefarzt eines Nervenlazaretts, ab 1940 fungierte er als Beratender Psychiater des Heeres. Er war ab 1939 Mitglied der NSDAP. Nach Kriegsende kehrte er nach Frankfurt am Main zurück. 1954 folgte er dem Ruf auf den Lehrstuhl für Psychiatrie und Neurologie an die Universität Rostock und wurde Direktor der Universitäts-Nervenklinik.

Abbildung 3
Franz Günther von Stockert 1958

---

[43] Über von Stockerts Zeit als Direktor der Universitätsnervenklinik Rostock zwischen 1954 und 1958, die Umstände und Hintergründe seiner Verhaftung und Anklage siehe ausführlich in KUMBIER, Ekkehardt / HAACK, Kathleen / HERPERTZ, Sabine C.: Franz Günther von Stockert im Spannungsfeld von Politik und Wissenschaft – Ein Beitrag zur Geschichte der Nervenheilkunde in der DDR. In: Fortschritte der Neurologie und Psychiatrie, 77 (2009), S. 285–288.

[44] Ausführliche Angaben zu Biografie und Werk von Stockerts einschließlich seiner Bibliografie finden sich in KUMBIER (wie Anm. 40). Zudem: Universitätsarchiv Frankfurt. Personal-Hauptakte, Kuratorium der J.W. Goethe Universität; Bd. I, Abt. 14, Nr.157; Universitätsarchiv Rostock. Personalakte – von Stockert; Universitätsarchiv Halle. Personalakte 15015 – von Stockert, Franz-Günther und Nachlass F.G. von Stockert.

Trotz schwieriger Voraussetzungen war von Stockert auch während seiner Zeit in der DDR wissenschaftlich aktiv. In diese Zeit fielen die Neubearbeitung seines Lehrbuches „Psychopathologie des Kindesalters", das 1957 in dritter Auflage erschien sowie 1956 die Publikation einer Monografie über die Sexualität des Kindes[45]. Im selben Jahr wurde er zum Vizepräsidenten der Union Europäischer Pädopsychiater gewählt. Nachdem er 1958 Rostock verlassen hatte, war er fortan wieder als Dozent in Frankfurt tätig. Ab 1964 wurde von Stockert Leiter der kinderpsychiatrischen Abteilung und erhielt das Extraordinariat für Kinder- und Jugendpsychiatrie der Universität Frankfurt. Kurze Zeit nach seiner Emeritierung verstarb er am 25. Februar 1967 in Frankfurt am Main.

Die Mehrzahl seiner Arbeiten widmete sich dem Gebiet der Kinder- und Jugendpsychiatrie und erlangte internationale Anerkennung.[46] Von Stockert war mehrere Jahre Vorsitzender der Deutschen Gesellschaft für Sexualforschung und der Deutschen Vereinigung für Jugendpsychiatrie sowie Präsident der Union Europäischer Pädopsychiater (heute European Society for Child an Adolescent Psychiatry).

Die Ausgangssituation 1954

Dass von Stockerts Entscheidung, in die DDR zu gehen, eine schwierige war, ist aus seinem persönlichen Nachlass bekannt. Sein Vorgänger hatte aus politischen Gründen das Direktorat aufgegeben. Viele seiner *Kollegen mit entsprechender Ost-Erfahrung (hatten ihn) dringend gewarnt.*[47] Der 17. Juni 1953 hatte gezeigt, wozu die kommunistischen Machthaber fähig waren. Auf wissenschaftspolitischer Ebene war die Umsetzung der Zweiten Hochschulreform unter dem Motto „Erstürmt die Festung Wissenschaft" in vollem Gang. Andererseits gab es sichtbare Tendenzen der Entspannung. Das politische Klima hatte sich nach Stalins Tod am 5. März 1953 geändert.

Der von der Sowjetunion initiierte „Neue Kurs" war das Resultat unübersehbarer Krisenmerkmale in allen Staaten des „Rates für gegenseitige Wirtschaftshilfe". Von Stockert selbst hatte rückblickend in einem undatierten, wahrscheinlich Ende 1958 geschriebenen Bericht die Situation ähnlich eingeschätzt:

---

[45] STOCKERT, Franz Günter von: Die Sexualität des Kindes. Stuttgart 1956; DERS.: Einführung in die Psychopathologie des Kindesalters. München, Berlin 1957.

[46] Vgl. CASTELL, Rolf / NEDOSCHILL, Jan / RUPPS, Madeleine / BUSSIEK, Dagmar: Geschichte der Kinder- und Jugendpsychiatrie in Deutschland in den Jahren 1937 bis 1961. Göttingen 2003.

[47] Nachlass F. G. von Stockert.

Wenn ich mich unter diesen Auspizien trotzdem von der Universität Frankfurt a. Main nach Rostock beurlauben liess, so kann ich für diesen Entschluss nur geltend machen, dass zu diesem Zeitpunkt [...] und mit Rücksicht auf den bevorstehenden Besuch des Bundeskanzlers Adenauer in Moskau die Probleme der Wiedervereinigung optimistischer betrachtet wurden, als nachher...Tatsächlich schienen auch die Verhältnisse im Anschluss an die Erhebung des 17.6.53 etwas befriedeter zu sein und es hatte den Anschein, als wären die Behörden zu Kompromissen geneigter.[48]

Für den Enkel und Schwiegersohn[49] berühmter Fachvertreter war sicherlich ein entscheidender Grund das, um mit den Worten einer seiner Vorgänger, Oswald Bumke (1877-1950), zu sprechen, *erste Ordinariat, das sehnsüchtig erhoffte Ziel der akademischen Laufbahn, die erste selbständige Stellung als Leiter einer großen Klinik.*[50] So kam es, dass ein Wissenschaftler aus Westdeutschland den Ruf auf den Rostocker Lehrstuhl erhielt und annahm. Franz Günther von Stockert, katholisch, humanistisch geprägt und durchaus mit einem bildungsbürgerlichen Bewusstsein ausgestattet, verkörperte das Gegenteil der propagierten „neuen sozialistischen Intelligenz".

Die Rostocker Jahre

Adäquat zu der relativ ruhigen politischen Lage 1955 und 1956, verliefen auch von Stockerts erste beide Jahre in Rostock. Schwierig waren diese insofern, da nach wie vor ein Mangel an Ärzten und Pflegepersonal herrschte, die Infrastruktur mehr als zu wünschen übrig ließ, es immer wieder Probleme mit dem Verwaltungsdirektor u.a.m. gab. Der eigentliche Bruch kam im Juli 1957. Mit Wirkung vom 31. August 1957 wurde der Einzelvertrag mit von Stockert von Seiten des Staatssekretariats in Berlin fristlos gekündigt. Die offizielle Erklärung war, dass er sich geweigert hatte, die Staatsbürgerschaft der DDR anzunehmen. Eine solche Klausel war jedoch im Vertrag gar nicht vorgesehen. Es ging um die politische Standortbestimmung von Stockerts. Seitens der Behörden war man nicht

---

[48] Wie Anm. 47.

[49] Von Stockert war mit einer Tochter von Gabriel Anton (1858–1933) verheiratet, der u. a. den Lehrstuhl für Psychiatrie an der Universität Halle innehatte.

[50] BUMKE, Oswald: Erinnerungen und Betrachtungen: Der Weg eines deutschen Psychiaters. München 1952, hier S. 75.

mehr gewillt, den Schwebezustand bei der Frage um die Staatsbürgerschaft zu erdulden. Rückendeckung erhielt von Stockert von der Medizinischen Fakultät. Durch ihre Unterstützung konnte eine Übersiedlung noch einmal um ein Jahr verschoben werden, spätestens im Herbst 1958 sollte sie jedoch endgültig vollzogen sein. Doch dazu sollte es nicht mehr kommen. Die Ereignisse überschlugen sich, der politische Druck auf von Stockert wuchs. Die ab Mitte 1957 zunehmenden Repressalien müssen in den Kontext der Vorbereitungen zur Dritten Hochschulkonferenz von 1958 eingeordnet werden. In deren Zuge wurden einzelne, „unliebsame" Hochschullehrer durch Nachwuchskräfte abgelöst. Von Stockert, der für seine spöttische Art bekannt war, hatte sich wiederholt kritisch über die gesellschaftlichen Verhältnisse in der DDR geäußert. Er geriet nun zunehmend ins Visier des Ministeriums für Staatssicherheit. Das endgültige Aus kam für ihn durch die Denunziation eines Assistenzarztes der Klinik, der als Geheimer Informant[51] (GI, später als IM bezeichnet) für die Staatssicherheit tätig war. GI „Schneider" berichtete ausführlich über klinikinterne Vorgänge und verletzte dabei auch die ärztliche Schweigepflicht. Es ist davon auszugehen, dass eine gezielte Aktion gegen von Stockert vorlag, dessen Instrument „Schneider" war. Am 31. März 1958 wurde von Stockert verhaftet und in die Rostocker Untersuchungshaftanstalt des Ministeriums für Staatssicherheit gebracht. Das Verfahren wurde am 7. Mai 1958 eröffnet. Franz Günther von Stockert wurde beschuldigt:

> *staatsgefährdende Hetze gegen unsere volksdemokratische Ordnung betrieben zu haben, indem er fortgesetzt gegen andere Rassen, gegen die Arbeiter- und Bauernmacht sowie gegen ihre Organe und gesellschaftlichen Organisationen und gegen Bürger wegen ihrer gesellschaftlichen Tätigkeit hetzte... Weiterhin hat er wahrheitswidrig behauptet, daß die DDR bald pleite sei, weil sie sich mit der Herstellung von Atombomben beschäftigt. Darüber hinaus bezeichnete er führende Mitglieder unserer Regierung als Lumpen und Lügner und machte abfällige Äußerungen gegen Mitglieder der Partei der Arbeiterklasse.*[52]

---

[51] Die Auseinandersetzungen an den Universitäten hatten zu einer verstärkten Aktivität des MfS geführt. So war in der Richtlinie des Ministeriums für Staatssicherheit Nr. 1/56 „über die Abwehr feindlicher Tätigkeit gegen die Universitäten und Hochschulen" der DDR vom 3. November 1956 festgelegt worden, dass das Netz der Geheimen Informanten auszubauen und Mitarbeiter unter dem wissenschaftlichen Personal zu rekrutieren seien, was im Fall gegen von Stockert auch gelungen war, vgl. KOWALCZUK (wie Anm. 1).

[52] Bundesbeauftragte für die Unterlagen des Staatssicherheitsdienstes der ehemaligen Deutschen Demokratischen Republik. Archiv der Außenstelle Rostock; AU 44/58 BA Band 2.

Die Mehrzahl der Anklagepunkte erwies sich bei der Verhandlung als nicht haltbar. Von Stockert wurde schließlich vom Bezirksgericht Rostock am 20. Mai 1958 wegen Staatsverleumdung zu einem Jahr Gefängnis unter Auferlegung einer Bewährungsfrist von zwei Jahren verurteilt.[53] Dem Druck in- und ausländischer Wissenschaftler war es zu danken, dass es zu keinem härteren Urteil kam. Dem Gericht lagen Briefe von ehemaligen, noch teilweise in der DDR ansässigen Assistenten sowie von zahlreichen bekannten Fachvertretern und Instituten vor, die sich für von Stockert einsetzten. Stellvertretend seien hier genannt: Ludwig Binswanger (Kreuzlingen), Hans Bürger-Prinz (Hamburg), Klaus Conrad (Göttingen), Henry Hécan (Paris), Hans Hoff (Wien), Franz J. Kallmann (New York), Ferdinand Kehrer (Münster), Karl Kleist (Frankfurt a. M.), Karl Leonhard (Berlin), Willy Mayer-Gross (München), Max Müller (Bern), Herbert Olivecrona (Stockholm), Heinrich Pette (Hamburg), Otto Pötzl (Wien), Wilhelm Tönnis (Köln), Werner Villinger (Marburg) und der bekannte Hirnforscher Oskar Vogt (Neustadt im Schwarzwald). Hinzu kamen Schreiben aus Frankreich, Schweden, Belgien, den USA, Großbritannien, Österreich und der Schweiz. Die DDR, ein Staat, der nach internationaler Anerkennung[54] strebte, konnte es sich nach außen nicht leisten, einen international bekannten Wissenschaftler einzusperren. Nicht nur in der westdeutschen Presse erregte der Prozess enormes Aufsehen. Auch international wurde davon berichtet. Am 25. Juli 1958 verließ von Stockert schließlich auf dem Flugweg über Berlin die DDR und ging zurück nach Frankfurt. Die Staatssicherheit konstatierte nach seinem Weggang über die Arbeit ihres Geheimen Informanten:

---

[53] Nach der Rückkehr von Stockerts in die Bundesrepublik Deutschland wurde das Urteil der DDR-Justiz auf Antrag der Generalstaatsanwaltschaft Frankfurt am Main noch 1958 für unzulässig erklärt. Nach der politischen Wende beschloss auch das Landgericht Rostock am 14. Juli 1995 auf Antrag der Familie, das Urteil des damaligen Bezirksgerichtes Rostock vom 20. Mai 1958 bzw. den Beschluss des damaligen Obersten Gerichts der DDR vom 4. Juli 1958 aufzuheben, erklärte es für rechtsstaatswidrig und entschied, Franz Günther von Stockert zu rehabilitieren. Es wurde festgestellt, dass von Stockert zu Unrecht Freiheitsentzug in der damaligen DDR erlitten hatte.

[54] Besonderes Gewicht schien nach Aussage des Rechtsanwaltes, der von Stockert im Prozess verteidigte, ein Schreiben des schwedischen Professors Herbert Olivecrona (1891–1980) aus Stockholm zu haben. Olivecrona war ein bekannter Wissenschaftler und Wegbereiter der Neurochirurgie in Europa, vgl. LJUNGGREN, Bengt: Herbert Olivecrona: founder of Swedish neurosurgery. In: Journal of Neurosurgery 78 (1993), S. 142–149. Zudem spielten die neutralen Länder Europas, neben der Schweiz und Österreich auch Schweden, für die DDR im Zusammenhang mit dem Bemühen um die Anerkennung als souveräner Staat eine wichtige Rolle.

Er beschaffte uns alle interessierenden Krankengeschichten, berichtete unumwunden über seine Kollegen und Vorgesetzten. Sein Hauptver-dienst ist die Verhaftung und Verurteilung des damaligen Leiters der Univ. Nervenklinik Prof. Dr. Franz Günther von Stockert, der Bundes-bürger der Westzone war.[55]

Der Umgang mit von Stockert verunsicherte andere medizinische Hoch-schullehrer in Rostock, die daraufhin die Universität verließen. Ein bekanntes Beispiel dafür ist der Direktor der Hautklinik, Werner Schulze (1903–1978), der 1952 aus Westdeutschland nach Rostock gekommen war.

Die Beschränkung des „Machtbereichs" von Stockerts

Ein „Nebeneffekt" des Vorgehens gegen von Stockert war die Tatsache, dass es in Rostock bereits 1958 zur Teilung des Psychiatrischen Lehrstuhls in drei ei-genständige für Psychiatrie, Neurologie und Kinderpsychiatrie kam (Abb. 4).[56] Es ist ein interessantes Beispiel dafür, wie politische Faktoren Einfluss auf Wis-senschaft und Disziplingenese haben können. *Politischer Gewinn dieser Maß-nahme sollte sein, den Machtbereich des Prof. von Stockert einzuschränken*[57], so die Argumentation des Staatssekretariats in Berlin. Und dies, obwohl die DDR zu diesem Zeitpunkt weder die finanziellen und schon gar nicht die perso-nellen Ressourcen für einen solchen Schritt hatte. Auch die in der DDR tätigen Ordinarii für Psychiatrie und Neurologie hatten sich gegen die angestrebte Tren-nung ihrer Fachgebiete ausgesprochen. Neben von Stockert verfassten mehrere Psychiater Eingaben an das Staatssekretariat für Hochschulwesen. Der Dekan der Medizinischen Fakultät Rostock, Comberg, beschwerte sich, dass die Fakul-tät in Sachen Trennung des Lehrstuhls nicht befragt worden war:

---

[55] Bundesbeauftragte für die Unterlagen des Staatssicherheitsdienstes der ehemaligen Deut-schen Demokratischen Republik 1006/65, „Schneider" I.

[56] Das führte u. a. dazu, dass zu einem vergleichsweise frühen Zeitpunkt der erste Lehrstuhl für Kinder(neuro)psychiatrie in der DDR entstand, vgl. KUMBIER, Ekkehardt: Die Ent-stehungsgeschichte der Kinderneuropsychiatrie an den Universitäten der DDR unter besonderer Berücksichtigung der Universitätsnervenklinik Rostock. In: HOLDORFF, Bernd / KUMBIER, Ekkehardt (Hrsg.): Schriftenreihe der Deutschen Gesellschaft für Geschichte der Nervenheilkunde. Würzburg 2010, S. 353–371; KUMBIER, Ekkehardt / HÄSSLER, Frank: 50 Jahre universitäre Kinderneuropsychiatrie in Rostock. In: Zeitschrift für Kinder- und Jugendpsychiatrie und Psychotherapie 38 (2010), S. 155–160.

[57] Bundesarchiv Berlin DR3–11122.

Sie muß annehmen, daß bei der ohne vorherige Befragung oder auch nur Verständigung der Fakultät erfolgten Verfügung ein Versehen im Geschäftsgang vorgelegen hat, da sie sonst in einer solchen Übergehung den Ausdruck einer ihr nicht gebührenden kränkenden Nichtachtung erblicken müßte.[58]

Doch die Teilung des Lehrstuhls war längst beschlossene Sache und spiegelt zweifelsohne die zentralistische Hochschulpolitik der DDR wider. Sie zeigt, wie gering die Einflussnahme von Institutionen oder gar einzelnen Personen war.

Hoffnung anderer Art schien für von Stockert von der Universität Halle zu kommen. Auch in Halle konnte man natürlich keinen Einfluss auf die Beschlüsse aus Berlin nehmen. Die Medizinische Fakultät der dortigen Universität hatte aber großes Interesse, von Stockert auf den ungeteilten Lehrstuhl für Psychiatrie und Neurologie zu berufen. Der Dekan engagierte sich außerordentlich für die Berufung von Stockerts. Ebenso war von Stockert in Jena primo loco gesetzt. Nachdem im Dezember 1957 die Entscheidung zur Teilung des Rostocker Lehrstuhls gefallen war, teilte von Stockert dem Dekan der Medizinischen Fakultät der Universität in Halle mit, dass er nun bereit wäre, den Lehrstuhl zu übernehmen, falls die Hallenser Klinik ungeteilt in seine Hände fiele. Das Berliner Staatssekretariat war zu diesem Zeitpunkt jedoch schon nicht mehr interessiert, von Stockert weder auf den Hallenser noch auf den Jenenser Lehrstuhl zu berufen. Er galt als unangepasst und reaktionär.

Das Vorgehen gegen von Stockert und weitere Rostocker Hochschullehrer wurde in einem 1958 verfassten Bericht des Staatssekretariats an den Ministerrat der DDR als positives Beispiel für das Zurückdrängen des bürgerlichen Einflusses genannt.

---

[58] Universitätsarchiv Rostock. Medizinische Fakultät Nervenklinik – Abteilung Kinder-Neuro-Psychiatrie 1957–1977: 1682.

DEUTSCHE DEMOKRATISCHE REPUBLIK

STAATSSEKRETARIAT FÜR HOCHSCHULWESEN

DER STAATSSEKRETÄR

U r k u n d e

über die Errichtung eines Lehrstuhls für Kinderpsychiatrie
im Rahmen der Neurologisch-psychiatrischen Klinik an der
Medizinischen Fakultät der Universität Rostock.

Entsprechend dem Beschluß des Rates der Medizinischen
Fakultät der Universität Rostock wird mit Wirkung vom
1. November 1958 an der genannten Fakultät ein

Lehrstuhl für Kinderpsychiatrie

errichtet.

Die Leitung des Lehrstuhls obliegt dem Lehrstuhlvertreter.

D a h l e m
1. Stellv. des Staatssekretärs

Berlin, den 6. November 1958

Abbildung 4
Errichtung des ersten Lehrstuhls für Kinderpsychiatrie in der DDR
an der Universität Rostock

Es wurde ausdrücklich auf das Beispiel der Medizinischen Fakultät in Rostock verwiesen, *wo in der letzten Zeit eine Reihe fortschrittlicher Professoren auch gegen den Willen der bürgerlichen Kräfte [...] berufen wurden.*[59] Dennoch, dessen waren sich die kommunistischen Machthaber bewusst, war man weit von einer marxistisch-leninistischen orientierten Wissenschaft entfernt. Ende der 1950er Jahre konstatierten sie, dass die „sozialistische Intelligenz" bei weitem noch nicht überwog, dass

> *Auf vielen Gebieten des Hochschulwesens [...] jetzt noch weitgehend die bürgerliche Ideologie (herrscht). Der Aufbau der Grundlagen des Sozialismus in der DDR [...] noch nicht in dem notwendigen Maße seinen Niederschlag im Bewußtsein vieler Professoren, Assistenten und Studenten gefunden (hat). Die Ideologie von der ‚Einheit der Deutschen Wissenschaft' [...] den Blick für die grundsätzlich verschiedenen Wege der gesellschaftlichen Entwicklung in der DDR und in Westdeutschland versperre.*[60]

Fazit

Obwohl die SED im Hochschulbereich in erheblichem Maße in die Personalentwicklung eingriff, war sie doch gerade in der Medizin auf die Aufrechterhaltung der Patientenversorgung und Ausbildung angewiesen. Das Bemühen, über die Personalpolitik politischen Einfluss innerhalb der universitären Medizin auszuüben, scheiterte zunächst aufgrund des durch Kriegsfolgen, Entnazifizierung und Abwanderung in die westlichen Besatzungszonen entstandenen Personalmangels. Der immer stärker werdende ideologische Druck nach den Hochschulreformen sowie die ökonomische Attraktivität der Bundesrepublik Deutschland bewirkten, dass Teile der alten Intelligenz sowie eine nicht unbeträchtliche Zahl von jungen Hochschulabsolventen der DDR den Rücken kehrten, darunter überdurchschnittlich viele Mediziner und Hochschullehrer.[61] Bis 1961 verließen mehr als drei Millionen Menschen die DDR und übersiedelten nach West-

---

[59] Bundesarchiv Berlin DR3 1. Schicht – 0158.

[60] Bundesarchiv Berlin DR3 Bd.173,a,b: Sekretariat des Staatssekretariats, Dienstbesprechung, Bd. 2: Juli–Dez. 1958.

[61] KOWALCZUK (wie Anm. 1).

deutschland, zwischen 1949 und 1961 etwa 2500 Hochschullehrer und wissenschaftliche Assistenten.[62] Jessen hat darauf hingewiesen, das zwischen dem 1.
Oktober 1950 und dem 31. Mai 1952 allein 55 Universitätsprofessoren aus der
DDR in den Westen gingen und umgekehrt nur 9 in die DDR kamen.[63] Heygster
und von Stockert waren somit keine Ausnahmen. Wie ihnen erging es vielen
Kollegen und auch Angehörigen anderer Berufsgruppen. In einer Atmosphäre
des immer stärker werdenden Drucks, der Diffamierung unliebsamer Mahner,
der Unsicherheit und fortwährenden Beunruhigung war eine kontinuierliche Arbeit an den Universitäten und Hochschulen extrem erschwert oder gar unmöglich. Deswegen mussten immer wieder bürgerlich geprägte Hochschullehrer re-
krutiert werden. Das erschwerte jedoch in der Folge die Versuche der politischen
Einflussnahme. Bis zum Mauerbau 1961 konnte so ein traditionell bildungsbür-
gerliches Milieu bewahrt werden, wenngleich es im Einzelfall, wie die Beispiele
von Heygster und von Stockert zeigen, keinen Schutz vor den ideologisch-poli-
tischen Maßnahmen der SED bot. Das Ziel, Hochschullehrer zu rekrutieren, die
fachlich kompetent, politisch loyal und sozial nicht den bürgerlichen Schichten
entstammten, erwies sich als unrealistisch. So lange die Grenze zwischen Ost-
und Westdeutschland durchlässig war, konnte ein solches Ziel nicht erreicht
werden. Trotz aller Bemühungen blieb die personelle Situation in der DDR im
Bereich der Hochschulmedizin und besonders auf psychiatrisch-neurologischem
Gebiet angespannt. Noch Ende der 1950er Jahre konstatierte der Direktor der
Nervenklinik der Berliner Charité, Karl Leonhard, für sein Fachgebiet: *Nachwuchs ist aber im Bereich der DDR gar nicht vorhanden.*[64] Der „Perspektivplan
zur Entwicklung der medizinischen Wissenschaft und des Gesundheitswesens in
der DDR" vom 2.12.1958 sah die Erhöhung der Ärztezahl um 50 % bis 1965
vor. *Mit der Ausbildung von Neurologen, Psychiatern und Jugendpsychiatern
(sollte) begonnen werden.*[65] Die eigene Nachwuchsförderung wurde vorange-
trieben, um die Vertreter der so genannten alten Intelligenz zunehmend zu ver-
drängen. In einem vertraulichen Schreiben wies 1958 das Staatssekretariat für
Hochschulwesen den Ministerrat der DDR darauf hin, dass die Zurückdrängung

---

[62] Ebenda; MELIS, Damian van: "Republikflucht": Flucht und Abwanderung aus der SBZ,
DDR 1945 bis 1961. München 2006.

[63] JESSEN (wie Anm. 1).

[64] Universitätsarchiv Rostock. Medizinische Fakultät, Nervenklinik, Besetzung der Lehrstühle für Neurologie und Psychiatrie 1958–1960.

[65] Bundesarchiv Berlin DR3 Bd.173,a,b: Sekretariat des Staatssekretariats, Dienstbesprechung, Bd. 2: Juli–Dez. 1958.

des bürgerlichen Einflusses an den Fakultäten und die Berufung von *fortschrittlichen, marxistischen Professoren* eine wichtige ideologische Maßnahme sei.[66]

Die von der SED propagierten Kriterien einer sozial und politisch selektierten Nachwuchsförderung kamen in den 1950er Jahren an den Medizinischen Fakultäten nur sehr eingeschränkt zum Tragen. Erst Ende der 1950er Jahre rückten erste, in der DDR ausgebildete Nachwuchswissenschaftler nach. Letzten Endes vermochten die Machthaber in der DDR nur durch den radikalen Schritt des Baus der Berliner Mauer eine Stabilisierung der Verhältnisse herbeizuführen, so auch auf hochschulpolitischer Ebene. Langfristig, und dies war das oberste Ziel, sollte der Nachwuchs aus den eigenen und, so die Vorstellung, politisch korrekten Reihen hervorgehen. Der Mauerbau 1961 bedeutete somit auch für das Verhältnis zwischen Wissenschaft und Politik eine deutliche Zäsur. Der Abwanderung des wissenschaftlichen Personals und der offenen Konkurrenz mit der westdeutschen Wissenschaft war ein Ende gesetzt worden. Damit wurden erstmals langfristige Planungen in der Personalpolitik möglich.[67]

Abbildungsnachweis

Abbildung 1
Hans Heygster im Jahre 1956
Persönlicher Nachlass Hans Heygster (Privatbesitz)

Abbildung 2
Schlagzeile des Artikels in der Ostseezeitung
Ostseezeitung vom 28. April 1953

Abbildung 3
Franz Günther von Stockert im Jahre 1958
Fotografiensammlung des Universitätsarchivs Frankfurt/ M.

Abbildung 4
Errichtung des ersten Lehrstuhls für Kinderpsychiatrie in der DDR an der Universität Rostock
Universitätsarchiv Rostock, Med. Fak., 1685

---

[66] Bundesarchiv Berlin DR3 1. Schicht – 0158.

[67] Nach der Schließung der Grenze konnte die Kaderpolitik der SED konsequent umgesetzt werden. Neben fachlichen kamen nun vor allem politische Auswahlkriterien zum Tragen (vgl. ebenda).

Der Festungskurier Themen der Tagungen zur Landesgeschichte Mecklenburg / Vorpommern